JN348405

생각 문법 ❶

동사편
···
시제 & 상

생각문법 ❶
동사편 〈시제 & 상〉

쓰고 엮고 꾸민 이 하상호

초 판 1쇄 발행일 2014년 10월 1일
개정판 1쇄 발행일 2020년 3월 16일
개정판 3쇄 발행일 2025년 4월 21일

발행인 하상호
발행처 봄찬
신고번호 제 2013-000039호 (2013년 1월 29일)
주소 서울시 강남구 강남대로 320, 5층 LS40 (역삼동, 황화빌딩)
전화 02) 565-0926 / 팩스 0504-417-0926
메일 thinkinggrammar@naver.com
유튜브 https://www.youtube.com/@thinkinggrammar
　　　　(http://thinkinggrammar.co.kr)

ISBN 978-89-98894-04-7 13740

　　　　책값은 뒤표지에 있습니다.
　　　　잘못된 책은 바꾸어 드립니다.

　　ⓒ 2014 하상호

　　책은 저작권법에 따라 보호를 받는 저작물입니다.
　　이 책의 내용을 무단으로 복제하거나 발췌하는 것을 금합니다.

　　「이 도서의 국립중앙도서관 출판예정도서목록(CIP)은 서지정보유통지원시스템 홈페이지
　　(http://seoji.nl.go.kr)와 국가자료공동목록시스템(http://kolis-net.nl.go.kr)에서 이용하실 수
　　있습니다. (CIP제어번호: CIP2020008117)」

서문 1

혹자는 '우리는 국어문법을 따지며 말하지 않는다. 국어문법을 몰라도 말만 잘한다.' 이렇게 국어문법에 빗대며 영어문법을 안 해도 된다고 한다. 일축한다. 단지, 시험 위주의 암기식 영어문법이 입힌 피해 의식의 발로(發露)다.

문법이 안 들어간 문장은 있지도 않고, 있을 수도 없다. 문장을 접하는 순간, 누구나 문법과 마주하게 된다. 하니 마니 할 문제가 아니다. 문법을 피할 수 없다. 피할 수 없으면 즐기라지 않던가?

문법, 문장으로 말하는 법

우리는 국어문법을 따지며 말하지 않는다. 이유인즉, 국어문법을, '국어문장으로 말하는 법'을 완벽히 통달했기 때문이다. 그렇지 않고서야 어떻게 이토록 말을 잘할 수 있단 말인가? 우리는 국어문법을 너무나도 잘 알아 말을 잘하는 것이다. 다만 내재되어 있어 의식하지 못할 뿐이다. (내재된 이러한 문법을-신이 인간에게 심어 준 모국어와 관련된 문법을-"내재문법"이라고 한다.)

영어는 엄연히 외국어다. 국어문법을 습득하듯 영어문법을 습득할 수 있을까? 우리는 국어 환경에서 살아온 성인이지, 영어 환경에서 지내는 어린아이가 아니다. 습득하기란 사실상 불가능하다. 학습해야 한다, 영미인에게 내재된 문법을 밝힌 책으로.

혹자는 '써먹지도 못하는데, 영어문법을 해서 뭐하느냐?' 이렇게 현혹하며, 영어문법을 하지 말라고 한다. 궁금하다, 진실로 자기 자식한테도 똑같이 말할 수 있는지. 안 하면 자기만 손해다.

영어문법을 못 써먹는 이유는 내 것이 되지 않았기 때문이다. 무엇이든 써먹을 정도면 그것은 내 것이다. 써먹으려면 내 것이 되어야 한다. 아래와 같은 일련의 인지 과정을 거쳐야 한다.

의문 → 생각 → 이해 → 인식 → 인지

의문: 의문에서 비롯된 생각은 살아 있다. 의문을 품은 사람은 주체적으로 능동적으로 꿈틀대는 생각의 생각을 한다. 의문은 생각이 생각을 낳게 하는 마법이니, "왜, 왜, 왜?"라고 주문을 외라.

이해: 이성적으로 생각하고, 논리적으로 분석한다. 객관적으로 판단하고 종합한다. 이를 통해 '객관적인 앎'을 얻게 된다.

인식: 객관적인 앎에 내 자신이 투영되기 시작한다. 객관적인 앎을 토대로 추리도 하고 가정도 한다. 주관적으로 판단도 하고 결론도 내린다. 생각이 가다듬어지고 체계화된다. 개념이 생기고 잡힌다. 마침내, 개념은 내면에 이르고 깨달음이 된다. 이를 통해 '주관적인 앎'을 갖게 된다.

인지: 주관적인 앎을 확신하며 믿고 받아들인다. 내면화된 앎은 온전히 내 것이다. 내 것인 앎은 언제든 써먹을 수 있다. 이뿐이겠는가, 죽었다 깨어도 잊어 먹지 않는다.

문법은 집어넣는 것이 아니다. 받아들이는 것이다!

머릿속에 집어넣는다고 무조건, 저절로 내 것이 되는 것이 아니다. 정말이지 암기한다고 되는 일이 아니다. 문법은 개념이라 더더욱 인지 과정을 거쳐야 한다. 영어문법이 아무리 어려운들 인지 범위를 벗어날 수 없으니, Think over and over!

• • •

서커스장의 코끼리는 발목이 묶여 있다. 놀라운 사실은 덩치에 어울리지 않게 가는 밧줄에 묶여 있다는 것이다. 더 놀라운 사실은 몸집만큼 힘센 코끼리가 고까짓 것을 끊으려 하지 않는다는 것이다. 묶여 살아 온 삶에 익숙한 나머지 두려움이 앞서기 때문이리라. 코끼리는 마음이 묶인 것이다.

세상은 창의적 인재를 구한 지 오래다.

암기식 영어문법에 익숙하다면, "왜, 왜, 왜?"라고 주문을 외라. 두려움이 사라지고 자신감이 생길 것이다. 마음을 묶고 있는 밧줄은 가늘다. 얼마든지 끊을 수 있으니, 마법을 부려 툭 끊어라. 모든 것이 새롭게 보일 것이다.

나의 전부인 '늘봄', '늘찬'에게 사랑을 전합니다.

2014. 9.
하상호

목차

1장 시제

Unit 1 현재시제 13
Unit 2 과거시제 97

Zoom in Grammar "시제"란? 70

—| 불변의 진리를 왜 현재시제로 나타낼까? 21
—| 습관적인/반복적인 일을 왜 현재시제로 나타낼까? 24
—| 속성을 왜 현재시제로 나타낼까? 41
—| 현재시제가 과연 미래시제를 대신할까? 46
—| '간다'는 '갈 것'일까, '가겠다'일까? 58
—| 왜 'I think …'로 말할까? 63
—| 무엇이 현재시제를 나타낼까? 74

  〉 현재시제의 영역과 개념 15
  〉 빈도부사 26
  〉 현재시제와 상태동사 38
  〉 시제 71
  〉 문법형태 'Ø' 76
  〉 과거시제의 영역과 개념 98
  〉 before vs. ago 104

생각문법

6

2장 상

Unit 3 현재시제 진행상 128
Unit 4 현재시제 완료상 171
Unit 5 현재시제 완료진행상 217
Unit 6 과거시제 & 상 240
　　└ 과거시제 진행상 241
　　└ 과거시제 완료상 257
　　└ 과거시제 완료진행상 276

Zoom in Grammar "상"이란? 113

—| 진행/완료의 정체가 무엇일까? 118
—| 변화를 왜 현재진행으로 나타낼까? 144
—| 약속을 왜 현재진행으로 나타낼까? 146
—| 불평을 왜 현재진행으로 나타낼까? 150
—| 현재진행은 현재시제와 어떻게 다를까? 152
—| 현재완료는 과연 지금 끝마쳤다는 의미일까? 190
—| 현재완료를 왜 과거시제와 혼동할까? 201
—| 현재완료는 과거시제와 어떻게 다를까? 206
—| 현재완료진행은 현재완료와 어떻게 다를까? 226
—| 과거진행은 어떤 일을 나타낼까? 242
—| 과거완료는 어떤 상황에서 어떤 의도로 쓰일까? 262

〉 분사의 개념　114

〉 'ing/ed'의 기능과 의미　116

〉 진행상과 완료상　119

〉 동사구　124

〉 현재진행의 영역과 개념　132

〉 현재진행과 상태동사　142

〉 현재완료 용법: 경험　173

〉 현재완료의 영역과 개념　177

〉 현재완료 용법: 지속　182

〉 already vs. yet　187

〉 현재완료 용법: 완료후의 현상태　191

〉 현재완료 용법: 결과적인 현상태　197

〉 문법형태 '-었-'　202

〉 정황어 vs. 구조어　204

〉 현재완료진행의 영역과 형태　218

〉 현재완료진행의 해석과 개념　220

〉 과거진행의 영역과 개념　247

〉 문법형태 '-었었-'　258

〉 과거완료의 영역과 개념　263

〉 과거완료와 when　270

〉 과거완료진행의 영역과 개념　277

생각 더하기

1. 현재시제의 미래가 열린 이유 17
2. 존재상태를 강조하는 현재시제 35
3. 절대적인 미래와 명사절 57
4. 무한의 '0'과 'Ø' 77
5. 과거시제와 과거시점 101
6. for와 during 108
7. 시제 조동사와 본동사 127
8. 국어의 진행상 130
9. 현재진행의 미래가 닫힌 이유 134
10. 현재진행과 완곡한 표현 162
11. 10년 동안, 10년 전부터 184
12. since와 ago 184
13. 'in the last few days'와 'for the last few days' 185
14. 현재완료와 시간 부사절 195
15. 새 소식과 현재완료 196
16. 'for a long time'과 'for long' 231
17. when과 while 245
18. 중단되는 과거진행 246
19. 과거진행과 과거시제 251
20. 과거완료와 after, before, ago 268

그림 모음 285
기본 동사 700 289

똑똑한 사람은 대답을 잘하는 사람이 아니라
질문을 잘하는 사람이다.

[**생각문법**은 볼 때마다 다르고 새롭게 인식됩니다. 처음엔 개념 위주로 정독하시고 이후에는 예문 위주로 익히시길 바랍니다.]

[ ] : 본문과 관련된 문법을 부연, 또는 당부의 말씀을 드림
※ : 본서 외 생각문법, 또는 참고 서적을 안내
❷ : **생각문법** 2권을 뜻함

1장

시제
Tense

["품사"란 낱낱이 다루기 힘든 단어를 의미나 기능을 기준으로 나눈 '단어의 갈래'를 말합니다. 많이 들어 본 '명사·동사, 형용사·부사' 등을 일컫습니다.]

[주어와 서술어는 문장을 이루는 가장 기본적인 말입니다. "주어"는 문장의 주체가 되는 말이고, 이러한 주어를 설명하는 말이 – 주어가 '어찌하다/어떠하다/무엇이다/있다'고 풀이하는 말이 – "서술어"입니다. * Birds fly. (주어: Birds / 서술어: fly) 참고로 '서술하다, 설명하다, 풀이하다'는 모두 같은 말입니다. '설명'을 어렵게 말하면 '서술'이고, 쉽게 말하면 '풀이'입니다. (서술 = 설명 = 풀이)]

동사가 문장 밖에 있을 때는 단어에 지나지 않습니다. 사람은 말을 문장으로 합니다. 따라서 동사는 문장 안으로 들어갑니다. 문장 안으로 들어간 동사는 단어로 머물지 않고, '문법이 결합해' 서술어가 됩니다. 역으로, 동사가 문장에서 서술어 역할을 온전히 하려면 '문법이 결합해야' 합니다.

시제: 현재시제, 과거시제

동사가 문장 안으로 들어가면, 동사에 무조건 결합하는 문법이 있습니다. 다름 아닌, '시제'라는 동사문법입니다. 시제는 서술어와 관련된 필수적인 동사문법입니다. 첫 단추를 잘 끼워야겠습니다. 현재시제로 **생각문법**을 시작합니다.

Unit 1

현재시제
The Present Tense

우리는 일상 언어생활에서 '현재 시각 = 지금'으로 여깁니다. 이 탓에 알게 모르게, '현재를 지금'으로 생각합니다. 이러한 선입견이 문법에 작용해 '현재시제 = 지금'으로 여깁니다. 이 점이 시제를 시간이게 하고, 현재를 시제로 알아볼 수 없게 합니다.

- Two plus two <u>equals</u> four.
  2 + 2 = 4
  - equals: 현재시제

여러분

현재시제가 얼마나 지금과 연관이 있을까요? 얼마나 연관이 있어 위 예문을 현재시제로 나타낸 것일까요? 2 더하기 2가 (어제나 내일이 아닌) "지금 4"라고 말하고 싶어 현재시제를 쓴 것일까요?

[문법은 온통 개념입니다. 개념을 잡아야 문법이 인식되고, 문장이 눈에 들어오고 상황과 의도가 파악됩니다. 상황과 의도에 맞게 말하려면, '개념 잡기'가 최우선입니다. 기계적인 해석에 머물 양이 아니면, 개념을 먼저 확실히 잡아야겠습니다.]

현재시제

개념 잡기

현재시제는 결코,
시시하거나 만만한 시제가 아닙니다.

〉 현재시제의 영역과 개념

　0.00001초는 측정하기 힘든, 매우 짧은 시간입니다. 하지만 아무리 한순간이라도, 엄격히 따지면, 지나면 과거고 지나지 않으면 미래입니다. 0.00001초는 과거와 미래를 구분하는 경계일 따름입니다. 순간적인 이 경계를 어느 누가 감지할 수 있을까요? 그러고 보니, 과거와 미래가 딱 붙어 있습니다. 지금껏 과거와 미래 사이에 현재시제가 있는 줄 알았는데, 막상 따져 보니 없습니다. 현재시제는 대체 어디에 있을까요?

　처음부터 근본적으로 새롭게 생각하기! 발상 전환!

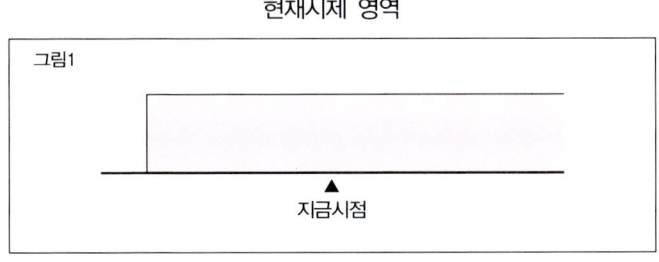

지금시점: 말하고 있는 지금 이 순간 = 발화시점 = 현재 시각

　'과거에서 지금을 지나 미래까지 펼쳐진' 그림1이 보여 주듯이 현재시제는 과거와 미래 사이에 있지 않고, 도리어 과거와 미래를 모두 포함합니다. 현재시제 영역에는 지금시점뿐 아니라 과거영역과 미래영역도 있습니다. 확인해 보면,

- The earth goes around the sun. [현재시제]
  지구는 태양 주위를 돈다.

　지금 태양을 돌고 있는 지구, 과거에도 돌았고 미래에도 돕니다. 요컨대, 위 예문은 지구가 태양을 (지금 돌고 있다는 말이 아니라) '과거에도 돌았고', '지금도 돌고', '미래에도 돈다'는 말입니다. 그림1을 완벽하게 나타냅니다. (2 더하기 2는 '과거에도, 지금도, 미래에도' 4니까 현재시제로 나타낸 것입니다.) 이로써 현재시제가 지금을 포함할 뿐 지금과 연관이 그리 많지 않다는 사실이 밝혀졌습니다.

　　개념 ■ 과거에도 하던[일어나던] 일
　　　　　미래에도 하는[일어나는] 일

　그림1을 통해, 현재의 일은 지금뿐 아니라 '과거에도 하던[일어나던] 일'이고, '미래에도 하는[일어나는] 일'이라는 현재시제 개념을 잡았습니다. 확실히 하면,

- It doesn't rain very much in spring.
  봄에는 비가 그다지 많이 오지 않습니다.

　위 예문은 올봄에만 해당하는 말이 아닙니다. 예나 지금이나 매년 봄에는 비가 그다지 많이 오지 않았고, 앞으로도 그렇다는 말입니다. 한마디로, '늘 그렇다'는 말입니다. (하루 날씨가 아닌) '기후'를 뜻합니다. 아래 예문도 한 해에만 해당하는 말이 아닙니다. 뚜렷한 사계절, 이 또한 기후를 뜻합니다.

- Korea has four distinct seasons. 한국은 사계절이 뚜렷하다.

생각 더하기   1. 현재시제의 미래가 열린 이유

그림1을 다시 보니, 과거는 닫혔고 미래는 열렸습니다. 그만한 이유가 있을 터,

지구는 태양을, 지금 돌고 있는 것을 보면, 과거 어느 한 시점부터 돌기 시작했습니다. 이렇듯 세상에 존재하는 삼라만상은 존재하기 시작한 시작점을 지닙니다. 이것이 현재시제의 과거가 닫힌 이유입니다.

생성이 있으면 소멸도 있는 법, 지구도 태양도 언젠가는 우주에서 사라집니다. 자연히, 지구가 태양을 도는 일은 일어나지 않습니다. 하지만 그때가 언제인지, 신이 아니고서야 확실하게 말할 수 있는 사람은 없습니다. 이것이 현재시제의 미래가 열린 이유입니다.

주의!   지구가 단지, 앞으로 태양을 돌아 미래가 열린 것이 아닙니다. 돌지만 언제까지 도는지, 언젠가는 돌지 않지만 그때가 언제인지 '확언할 수 없어' 미래가 열린 것입니다.

'과거, 지금, 미래'을 모두 포함하는 현재시제, '현재 = 지금'이라는 선입견을 버리는 것으로 시작됩니다.

[**생각문법**에는 예문1부터 예문99까지, 문법과 관련해 총 99가지 예문이 있습니다. 곧 예문1이 나옵니다. 이제 시작이지만 오래지 않아 예문99를 보는, 문법을 완성하는 그날이 올 것입니다. 아니, 반드시 옵니다. 그날을 위해, 아자 아자!]

예문1은 현재시제의 영역과 개념을 아주 잘 말해 주는 전형적인 현재시제 문장입니다.

철수를 소개합니다.

1-1] Cheolsu <u>lives</u> in Seoul.
1-2] He <u>goes</u> to Hanguk University.
1-3] He <u>studies</u> very hard.
1-4] He <u>works</u> in the fast-food restaurant.
1-5] He <u>starts</u> work at six in the evening.

철수는 [1-1] 서울에 삽니다. [1-2] 한국대학에 다닙니다. [1-3] 매우 열심히 공부합니다. [1-4] 패스트푸드점에서 일합니다. [1-5] 저녁 6시에 일을 시작합니다.

1-1] 예전부터 지금까지 살았고, 언제까지 살지 확인할 수 없지만, 앞으로도 서울에 산다는 말입니다. (체류가 아닌) '거주'를 뜻합니다. (= His home is in Seoul.)

1-2] 지금까지 갔고, 언제까지를 확인할 수 없을 뿐, 앞으로도 한국대학에 간다는 말입니다. (등교가 아닌) '재학'을 뜻합니다. (지금 한국대학에 가고 있다는 말이 아닙니다. 한국대학을 다니는 대학생이라는 말입니다.) (= He's a student at Hanguk Univ.)

1-3] 예나 지금이나 앞으로나 변함없이, 매우 열심히 공부한다는 말입니다. (학습이 아닌) '근면'을 뜻합니다. (지금 공부하고 있다는 말이 아닙니다. 철수는 지금 놀고 있을 수도 모릅니다.) (= He's a hard-working student.)

1-4] (노동이 아닌) '근무'를 뜻합니다. (지금 패스트푸드점에서 일하고 있다는 말이 아닙니다. 철수는 지금 학교에서 수업을 받고 있을지도 모릅니다.) (= He's an employee.)

1-5] (오늘만 아닌) 평소 '출근 시각'을 뜻합니다. ('평소'라는 말속에 과거·지금·미래가 내포되어 있습니다.)

생각문법

주의! 철수가 졸업하면 더는 대학생이 아니니, 철수가 언제까지 대학생인지 확언할 수 있다고 말하기 쉽습니다. 하지만 졸업은 못 할 수도, 안 할 수도 있습니다. 하더라도 언제 하는지, 내일 당장 무슨 일이 일어날지 모르는데 확언할 수 없습니다. 현재시제를 논하면서, 은연중에 "졸업하면"이라고 가정하면 안 됩니다.

궁금합니다. 패스트푸드점에서 일하는 철수는 직원일까요, 아르바이트생일까요?

시제가 현재니, 철수가 언제까지 일하는지 단언할 수 없습니다. 따라서 철수는 직원이거나, 대학생인 점을 고려하면 생계형 아르바이트생일 가능성이 높습니다.

직원은 이것이 있는 사람입니다. 생계를 위해 종사하는 일인 이것은 무엇일까요? 네, 그렇습니다. '직업'입니다.

직업은 지금까지 했고 앞으로도 하는 일이면서, 그만두거나 그만두게 되는 날을 단언할 수 없는 일입니다. 그야말로 '현재시제처럼' 하는 일입니다. 마땅히, 직업은 현재시제로 나타냅니다.

철수가 '얼마간 임의로' 일하는, 이를테면 '이번 방학 동안에만' 알바하는 상황이면 '진행형[working]'을 써야 합니다. ☞ p. 135, 153
* He is working in a restaurant these days. [현재진행]
  철수는 요즘 식당에서 일[알바]하고 있어요.

영희와 철수가 서로 호구조사를 합니다.

1-6] "What <u>does</u> your father <u>do</u>?"

1-7] "He <u>teaches</u> math at a high school. What about yours?"

1-8] "He <u>flies</u> an airplane. Do you have any brothers or sisters?"

1-9] "Yes, I have an elder sister. She <u>writes</u> novels."

1-6] "아버지께서는 뭐 하시는 분이니?" [1-7] "고등학교에서 수학 가르치셔. 너의 아버지께서는?" [1-8] "비행기 조종하셔. 형제자매가 있니?" [1-9] "응, 누나 있어. 소설 써."

1-6] 직업은 보통 이렇게 묻습니다. 취조를 하는 것도 아닌데, 직설적으로 'What's your father's job?' 이렇게 묻지 않는 것이 좋습니다. 'What's he?'도 '직업·신분'을 묻는 말입니다. ('Who's he?'는 '성명·지위'를 묻는 말입니다.)

1-7] 직업이 '교사'라는 말입니다. (지금 수학을 가르치고 있다는 말이 아닙니다. 아버지는 지금 집에서 쉬고 계실지도 모릅니다.) (= He's a math teacher at a high school.)

1-8] '조종사'라는 말입니다. (= He's a pilot.)

1-9] '소설가'라는 말입니다. (= She's a novelist.)

▶ 'What's your boss like? 너희 사장님은 어떤 분이시니?': 사장님의 성품이나 기질을 묻는 말입니다. 예 What's he like in school? he는 학교에서 어떤가요?

▶ 'How's your boss? 사장님은 어떠세요? 〉안녕하시죠?': 사장님의 안부를 묻는 말입니다. 예 How was your trip? 여행은 어땠나요? (여행에 대한 느낌이나 여행지의 인상을 물음)

현재시제의 시동을 걸었습니다. 용법을 하나씩 살펴보겠습니다.

― | 불변의 진리를 왜 현재시제로 나타낼까?

지구가 태양을 언제까지 돌까요? 궁금해 보았자 부질없기에, 옛 사람은 말할 것도 없고, 우리와 같은 보통 사람은 지구가 태양을 영원히 돈다고 생각하고 신을 믿듯 인간답게 받아들입니다. 방금 "영원히"라고 했습니다. 그림1을 유심히 보십시오.

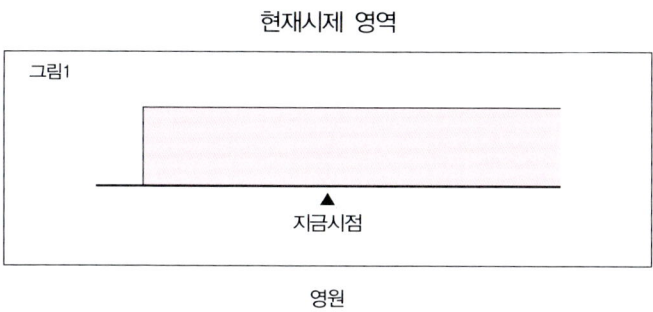

과거에서 시작된 시간이 지금을 지나 끝없이 펼쳐져 있습니다. 그림1은 다름 아닌 '영원'을 나타냅니다. 인간사에서 영원을 그려 보라고 하면 그림1로 그리면 됩니다. 영원은 또한, 변하지 않는 '불변'입니다. 현재시제는 '영원불변'에서 시작해 '영원불변'으로 끝납니다. '현재시제' 하면, 영원불변!

불변하는 대표적인 것으로 '진리'가 있습니다. '불변의 진리'를 현재시제가 나타냅니다. (영원불변의 현재시제가 영원불변의 진리를, 즉 '영원불변이 영원불변을' 나타내는 것입니다. 말로만 현재시제라고 할 것이 아니라, 현재라는 시제의 존재를 이렇게 인식해야 합니다.)

예문2는 불변의 진리를 나타낸 현재시제 문장입니다.

2-1] The sun <u>rises</u> in the east and <u>sets</u> in the west.
2-2] Water <u>is</u> made of hydrogen and oxygen.
2-3] Light <u>travels</u> faster than sound.
2-4] We all <u>breathe</u>, <u>eat</u>, and <u>drink</u>.
2-5] Man <u>is</u> mortal.
2-6] History <u>repeats</u> itself.
2-7] There<u>'re</u> twelve months in a year.
2-8] Three to the fourth power <u>is</u> eighty-one.
2-9] Heaven <u>helps</u> those who help themselves.

2-1] 해는 동쪽에서 떠서 서쪽으로 진다. [2-2] 물은 수소와 산소로 이루어졌다. [2-3] 빛은 소리보다 빠르다. [2-4] 우리는 모두 숨 쉬고 먹고 마신다. [2-5] 사람은 죽기 마련이다. [2-6] 역사는 반복된다. [2-7] 1년은 열두 달이다. [2-8] 3의 4승은 81이다. [2-9] 하늘은 스스로 돕는 자를 돕는다.

2-9] 오늘날 통용되는 격언은 옛날에도 통용되었고, 훗날에도 통용됩니다. 현재시제가 그려집니다. 전해 내려오는 속담도 마찬가지입니다.
　예) Walls have ears.
　　벽에도 귀가 있다. 〉 낮말은 새가 듣고 밤말은 쥐가 듣는다.

불변의 진리에 버금가는 것이 '일반적 사실'입니다. 일반적 사실은 가변적 요소가 더해지거나 생겨나지 않으면 변하지 않습니다. 불변의 진리와 크게 다르지 않습니다.

예문3은 일반적 사실을 나타낸 현재시제 문장입니다.

3-1] The Han River <u>flows</u> into the West Sea.

3-2] In Korea, English <u>is</u> not an official language but a foreign language.

3-3] What <u>is</u> the capital of Australia?

3-4] France <u>is</u> famous for its wine.

3-5] Glass <u>is</u> made from sand.

3-6] A solar eclipse <u>happens</u> when the moon passes in front of the sun.

3-7] All people <u>desire</u> happiness and health.

3-8] It <u>costs</u> a lot of money to build a bridge.

3-9] Careless driving <u>causes</u> car accidents.

3-1] 한강은 서해로 흘러들어 간다. [3-2] 한국은 영어가 공용어가 아니라 외국어다. [3-3] 호주의 수도는 어디입니까? [3-4] 프랑스는 와인으로 유명하다. [3-5] 유리는 모래로 만든다. [3-6] 일식은 달이 태양 앞을 지날 때 생긴다. [3-7] 모든 사람은 행복과 건강을 바란다. [3-8] 다리를 놓는 데 많은 비용이 든다. [3-9] 부주의한 운전은 자동차 사고의 원인이 된다.

3-3] (*NOT* Where is …?)

3-5] ▶ be made from: 이때의 from은 '출처 〉 근원'을 뜻합니다.
  예 Glass is from sand. 유리는 모래에서 나온다. (모래: 유리가 시작된 곳)
  Butter is made from milk. 버터는 우유에서 만들어진다. (우유: 원료)

  ▶ be made of: 이때의 of는 '구성'을 뜻합니다.
  예 The cup is made of glass. 그 컵은 유리로 만들어졌다. (컵이 유리로 이루어짐)
  The briefcase is made of leather. 그 가방은 가죽으로 만들어졌다. (가죽: 재료)

현재시제

—| 습관적인/반복적인 일을 왜 현재시제로 나타낼까?

'습관적인/반복적인 일'도 현재시제로 나타냅니다.

잠깐! 어떤 일이 습관적인/반복적인 일인지, 이것부터 알아야 하지 않을까요? 동요 한 곡이 떠오릅니다. 어린 시절로 되돌아가 한번 불러 보겠습니다.

> 둥근 해가 떴습니다. 자리에서 일어나서
> 제일 먼저 이를 닦자. 윗니 아랫니 닦자.
> 세수할 때는 깨끗이 이쪽저쪽 목 닦고
> 머리 빗고 옷을 입고 거울을 봅니다.
> 꼭꼭 씹어 밥을 먹고 가방 메고 인사하고
> 유치원에 갑니다. 씩씩하게 갑니다.

동요의 내용은 평상시 생활인 '일상생활'입니다.

일상생활은 '습관적으로 habitually', '반복적으로 repeatedly' 합니다. 중요한 점은 과거에도 했고, 미래에도 한다는 것입니다. 오늘 한 세수만 봐도, 어제도 했고 내일도 합니다. 한마디로, '늘 합니다.'

앞서 불변의 진리에서, "'현재시제' 하면, 영원불변!"이라고 했습니다. 우주적인 영원불변의 개념을 인간사인 일상생활에 적용하면 '항상, 언제나, 늘'이 됩니다.

개념 ■ 과거에도 하던[일어나던] 일, 미래에도 하는[일어나는] 일
'늘 한다, 늘 그렇다.'

일상생활은 '늘 하는' 일입니다. '현재시제처럼 하는' 일입니다. 일상생활에 현재시제 개념이 들어 있다는 사실을 알았습니다.

일상생활은 활동 범위에 따라 '가정생활·학교생활, 직장생활·사회생활, 취미생활·여가생활' 등등 다양합니다. 일상생활을 비롯해 온갖 생활을 말하는 데는 현재시제가 적격입니다.

이런, 문제가 생겼습니다.

- I get up at six in the morning. [현재시제]

언뜻 보면 별문제 없어 보이지만, 위 예문을 액면 그대로 받아들이면, '1년 365일 하루도 거르지 않고' 아침 6시에 일어난다는 말로 들립니다. 계속해서 여러 번 읽어 보면, 로봇이 말하는 것처럼 어투가 단정적입니다. 그만큼 어감이 딱딱합니다. 어떻게 하면 부드러워질까요?

〉 빈도부사

- I get up at six in the morning.

사람이 살다 보면 늦잠을 잘 때도 있고, 밤샘을 할 때도 있습니다. 아침 6시 기상은, 즉 일상생활은 절대적인 일이 아닙니다. 위 예문과 같이 절대적으로 말할 일이 아닙니다.

차차 밝혀지겠지만, 현재시제의 속성에는 '절대성'이 있습니다. 절대성을 지닌 현재시제로, 일상생활과 같은, 절대적이지 않은 습관적인/반복적인 일을 말할 때는 이것을 쓰는 것이 예사입니다. 이것은 되풀이 되는 횟수를 나타내는 '**빈도부사** Frequency Adverb · 잦기부사' 입니다.

- I usually[always] get up at six in the morning.

평상시 기상 시간을 말하려면 'usually'를 쓰고, 평소 매일같이 아침 6시에 일어난다고 강조하고 싶으면 'always'를 씁니다. 이렇게 빈도부사를 쓰면, 현재시제의 절대적인 의미가 묽어집니다. 단정적인 어투와 딱딱한 어감이 한결 부드러워집니다.

[빈도부사는 수식어로, 앞에서 동사를 수식합니다. 참고로, 빈도부사 외에 앞에서 동사를 수식하는 부사에는 not과 같은 '부정부사'와 probable와 같은 '개연성을 지닌 부사'가 있습니다. * He did not go there yesterday. / It will probably rain today.]

생각문법

영어에는 아래와 같은 빈도부사가 있습니다.

①
always (100%)   항상, 언제나, 늘
almost always (90% 이상)   거의 언제나

②
usually (70%-80%)   주로, 보통, 대개
often, frequently (60%-70%)   자주, 종종, 흔히
sometimes (50%-60%)   가끔, 때때로, 이따금
occasionally (40%-50%)   〃

③
rarely, seldom (30%)   드물게, 좀처럼 … 않다
hardly ever, scarcely ever (20%)   〃
almost never (10% 이하)   거의 … 않다
never (0%)   전혀 … 않다

(퍼센티지는 대략적인 빈도를 나타냄)

②는 문장의 머리나 꼬리에 둘 수 있지만, ①③은 둘 수 없습니다. 'frequently · seldom · scarcely ever'는 문어에서 많이 쓰입니다. (구어 口語·입말 = 비격식체 / 문어 文語·글말 = 격식체) 한편, ③은 빈도가 낮아 부정적입니다. '부정부사'로 쓰이기도 합니다.

예문4는 일상생활로 대표되는 습관적인/반복적인 일을 나타낸 현재시제 문장입니다.

영희가 철수의 '평소 생활'이나 '생활 습관' 등을 이야기합니다.

4-1] Cheolsu <u>always</u> wears blue jeans.

4-2] He <u>almost always</u> smiles at me whenever he looks at me.

4-3] <u>Usually</u>, he smokes about half a pack of cigarettes a day.

4-4] He goes to the library with me <u>quite often</u>.

4-5] He <u>often</u> calls me "Huiya."

4-6] He sends me text messages, <u>sometimes</u>.

4-7] He <u>occasionally</u> walks me home.

4-8] He <u>very rarely</u> drinks beer.

4-9] He <u>never</u> eats fast food.

철수는 [4-1] 항상 청바지를 입습니다. [4-2] 저를 볼 때마다 거의 언제나 미소를 짓습니다. [4-3] 보통 말이죠, 하루에 반 갑 정도 담배를 피웁니다. [4-4] 저와 함께 꽤 자주 도서관에 갑니다. [4-5] 종종 저를 '희야'로 부릅니다. [4-6] 저에게 문자 메시지를 보냅니다. 가끔씩. [4-7] 이따금 집까지 바래다줍니다. [4-8] 맥주를 거의 마시지 않습니다. [4-9] 패스트푸드를 전혀 입에 대지 않습니다.

4-3] 빈도를 강조하려면 빈도부사를 문두에 둡니다. 문도로 도치합니다.

4-4] quite와 같은 수식어와 함께 쓰인 빈도부사는 문미에 잘 옵니다.

4-6] sometimes가 흔하지 않게 문미에 있습니다. 서운함을 드러내는 것 같기도 하고, 조심스럽게 말하는 것 같기도 합니다.

앞선 예문에는 '빈도부사'가 쓰였고, 아래 예문에는 '빈도를 나타내는 부사구'가 쓰였습니다.

철수에게 영희는 친구 이상입니다.

4-10] I go to the movies with her <u>once in a while</u>.
4-11] I quarrel with her <u>at times</u>.
4-12] I call her more than <u>twice a day</u>.
4-13] I see her <u>many times a week</u>.
4-14] I miss her <u>all the time</u>.

저는 [4-10] 한 번씩 영희와 영화를 보러 갑니다. [4-11] 때때로 영희와 말다툼합니다. [4-12] 하루에 두 번 이상 영희에게 전화를 합니다. [4-13] 일주일에 몇 번이고 영희와 만납니다. [4-14] 영희가 늘 보고 싶습니다.

4-10] 때때로, 한 번씩: sometimes, once in a while, at times
　　　　　　　　　　　　　now and then, from time to time

▶ go to the <u>movies</u>: 복수일 때는 영화를 보러 간다는 말입니다. 같은 말로 'go to a movie'와 'see a movie'가 있습니다.

▶ go to the <u>movie</u>: 단수일 때는 뒤에 영화 제목이 이어집니다.
예) Will you go to the movie "Avatar"? 영화 아바타 보러 갈래?

4-13] 자주: often, many times

▶ see vs. meet: see에는 '만나서 함께 시간을 보내다'라는 뜻이, meet에는 '특정한 장소나 시간에 만나다'는 뜻이 들어 있습니다. 특히, 처음 만났을 때는 meet을 씁니다.
예) Let's meet in front of the library. 도서관 앞에서 만나자.
　　How did you meet your husband? 남편을 어떻게 만났습니까?

4-14] 항상, 내내: always, every time, all the time, at all times

현재시제

예문5와 같이, 습관적인/반복적인 일은 빈도를 묻고 답할 수 있습니다.

데이트 첫날, 영희와 철수가 이것저것 서로 물어봅니다.

5-1] "What do you usually do on Sundays?"
"I sometimes go out, but I usually stay home and read a book or watch TV."

5-2] "Do you often go to the library?"
"Yes, nearly every day."

5-3] "How often do you go to the cinema?"
"Two or three times a month."

5-4] "How many times a week do you eat out?"
"Once or twice."

5-5] "How many hours do you study English a day?"
"At least two hours."

5-6] "What time do you usually get home?"
"At around ten o'clock."

5-7] "How do you normally go to school?"
"By subway, but sometimes by taxi."

5-1] "일요일에 주로 뭐 하니?" "간혹 외출하는데, 주로 집에서 책이나 TV 봐." [5-2] "도서관에 자주 가니?" "응, 거의 매일 가." [5-3] "극장은 얼마나 자주 가니?" "한 달에 두세 번 가." [5-4] "외식은 일주일에 몇 번 하니?" "한두 번 해." [5-5] "하루에 몇 시간 영어 공부하니?" "못해도 두 시간은 해." [5-6] "보통 몇 시에 집에 들어가니?" "열 시쯤에." [5-7] "학교에 주로 뭐 타고 가니?" "지하철 타. 가끔 택시 타기도 하고."

생각문법

5-1] 예 "What do you usually do in your spare time?"
"한가할 때 주로 뭐 하니?"

"I usually play the piano or listen to music."
"피아노 치기도 하고 음악 듣기도 하고 그래."

5-7] 예 "How do you start the day?"
"하루를 어떻게 시작하니?"

"Well, I get up at six o'clock. I get washed and dressed. I have breakfast at seven and brush my teeth. I go to school at eight."
"음, 6시에 일어나 씻고 옷 입고, 7시에 아침 먹고 양치질하고, 8시에 학교 가."

5-8] "Are you late for school?"
"Yes, I <u>usually am</u>."

5-9] "<u>Don't you</u> have breakfast?"
"No, hardly ever."

5-8] "학교에 늦니?" "응, 대개 늦어." [5-9] "아침 안 먹니?" "응, 거의 안 먹어."

5-8] 빈도부사는 일반적으로 be동사 다음에 옵니다. 하지만 짧게 대답하거나 빈도를 강조할 때는 be동사 앞에 둡니다.

예 I <u>often am</u> late for school because of my part-time job. [빈도 강조]
아르바이트 때문에 학교에 자주 지각해.

5-9] ▶ 부정의문문 'Don't you …?': (긍정의문문의 반대 의문문이 아닌) 일종의 '확인의문문'입니다. (아무 것도 모르고 물은 말이 아니라) 아침을 먹는 줄 알았는데 안 먹는 것을 알고, 혹은 그런 것 같아 확인차 물은 말입니다. 억양에 따라 놀람이나 의심이 드러나기도 합니다.

▶ 부정의문문의 대답: "아침 안 먹니? (내 말이 맞니?)" "응 (네 말이 맞아), 안 먹어. / 아니 (네 말이 틀려), 먹어." – 국어는 이와 같습니다. 영어는 긍정의문문이든 부정의문문이든 어떻게 물어보든, 아침을 먹으면 'Yes'고, 안 먹으면 'No'입니다.

현재시제

여러분,

습관적인/반복적인 일이 '일정한 간격으로' 일어나면 어떤 일이 될까요? 네, 그렇습니다. '주기적인/규칙적인 일'이 됩니다. 한 예로, 4년마다 열리는 올림픽을 들 수 있습니다.

올림픽은 4년에 한 번씩 '주기적으로 periodically', '규칙적으로 regularly' 과거에도 열렸고, 이번에도 열리고, 미래에도 열립니다. 이제는 현재시제가 저절로 떠오릅니다.

예문6은 주기나 간격을 뜻하는 부사(구)와 함께, 주기적인/규칙적인 일을 나타낸 현재시제 문장입니다.

6-1] The Olympic Games take place <u>every four years</u>.
6-2] The World Cup is held <u>at intervals of four years</u> in a different country.
6-3] "How often do the buses run?"
   "<u>Every thirty minutes</u>."
6-4] We are closed <u>on the first Friday of every month</u>.
6-5] <u>On Sundays</u>, my son goes mountain climbing.

6-1] 올림픽은 4년마다 열린다. [6-2] 월드컵은 4년 간격으로 다른 나라에서 개최된다. [6-3] "버스가 얼마나 자주 다니나요?" "30분마다 다녀요." [6-4] 우리 가게는 매월 첫째 주 금요일에 쉽니다. [6-5] 우리 아들은 일요일만 되면 등산을 갑니다.

6-3] 30분마다: every thirty minutes, every half-hour
　　　　　　　　at intervals of thirty minutes, at half-hourly intervals

6-5] 문두에 오면, 어감이 '일요일에는 어김없이'로 강해집니다.

▶ 일요일마다: on Sundays (= every Sunday)
　아침마다: in the mornings (= every morning)
　일요일 아침마다: on Sunday mornings (= every Sunday morning)

6-6] He comes here <u>every other day</u>.

6-7] There's a three-day market <u>every other Friday</u>.

6-8] Do you get paid <u>monthly</u> or <u>weekly</u>?

6-9] The flights from Seoul for Jeju depart <u>hourly</u>.

6-6] he는 격일로 여기에 온다. [6-7] 격주로 금요일에 3일간 시장이 열린다. [6-8] 월급을 받나요, 주급을 받나요? [6-9] 서울발 제주행 항공편은 매시간 출발한다.

6-6] 격일로: every other day, every two days

▶ every: 매(모든), …마다(하나하나 다)
　예 every day: 매일(모든 날), 날마다(날 하나하나 다)
　every Friday: 매주 금요일, 금요일마다
　every other Friday: 격주 금요일, 격주 금요일마다

6-9] 매시간: every hour, hourly

현재시제

어떻습니까? 개념을 잡고 보니, 현재시제가 새롭게 보이지 않습니까?

현재시제

존재시제

시제에서 말하는 현재는 일상 언어생활에서 말하는 현재와 많이 다릅니다. 알고 보니, 지금으로 여기던 현재의 시제적 의미는 '영원불변'입니다.

영원불변의 현재시제, 끝없이 이어진 '영속적인 everlasting' 시제며, 변하지 않는 '항구적인 permanent' 시제입니다. 이렇듯 현재시제는 '영속성'과 '항구성'을 지닙니다. (영원과 불변을 좀 어렵게 말하면 '영속'과 '항구'입니다.)

현재시제는 시간이 흐르는 시제가 아닙니다. 영속성/항구성을 지닌 현재시제는 과거·지금·미래가 동시에 펼쳐져 있는 '존재상태'로, 모든 시역(時域)에 걸쳐 상태로 존재하는 삼라만상을 나타냅니다. 예로 든 'The earth goes around the sun.'은 지구가 태양을 도는 존재요, 도는 상태에 있다는 말입니다. 이참에 현재시제를 '존재시제'로 바꿔 부르면 어떨까요? 적어도 존재는 지금으로 여기지 않을 테니 말입니다.

> **생각 더하기**　2. 존재상태를 강조하는 현재시제
>
> - I AM his mother.
>   내가 이 아이 엄마라고요.
>   - AM: 강세를 둠, 강하게 발음, 힘주어 말함
>   (강조의 의미로 대문자로 표시)
>
> 시제가 현재일 때, mother를 강조하려면, 영어는 존재상태를 나타내는 'am(동사)'를 강하게 발음합니다. '엄마(명사)'를 힘주어 말하는 국어와 다르니 신경을 써야겠습니다.

• • •

현재시제 ①

✓ 직업 등
  - Cheolsu lives in Seoul.
    What does your father do?

✓ 불변의 진리
  - The sun rises in the east and sets in the west.

✓ 일반적 사실
  - The Han River flows into the West Sea.

✓ 습관적인/반복적인 일
  - Cheolsu always wears blue jeans.
    What do you usually do on Sundays?

✓ 주기적인/규칙적인 일
  - The Olympic Games take place every four years.

현재시제만 봐도, 용법은 다양하면서 서로 관련이 있습니다. 별개가 아니니, 관련성과 함께 용법을 거듭거듭 생각하십시오.

용법은 익히는 것입니다. 헛되니, 예전처럼 외우지 마십시오. 용법을 익힌다는 말은 곧 '상황'과 '의도'를 익힌다는 뜻입니다. 우리는 지금 문법을 인식한 후, 문법이 쓰이는 상황과 의도를 익히고 있습니다.

말은 말을 해야 합니다. 그래야 문법이 머릿속에서 가다듬어지고 자리를 잡습니다. 언어의 속성이니, 개념을 생각하며 예문을 소리 내어 읽어 보십시오. 개념을 잡고 용법까지 익힌 뒤라, 예전과 다르게 문장이 살아 있는 느낌이 들 것입니다.

[말하는 법인 문법, 말하는 법이라 문법을 "어법 語法·Usage·말법"이라고도 합니다. 어법은 구체적으로 '상황과 의도에 맞게' 말하는 법입니다. ('용법'을 세련되게 말하면 '어법'입니다.) 문법은 문장에 무게가 있고, 어법은 상황과 의도에 무게가 있습니다. 문법과 어법은 불가분의 관계에 있습니다. 어법을 벗어난 문법은 써먹지 못하고, 문법에 어긋난 어법은 통하지 않습니다.]

[**생각문법**은 대한민국 최고의 영어문법이 되고자, 어법도 아주 충실히 다루고 있습니다. **생각문법**은 (과정을 생략한 채 편협한 결과만 암기하는 기존의 나열식 문법이 아니라) 과정을 중시하고, 본질적인 why를 통해 보편적인 결과를 이끌어 내어 인지하는 '서술식 문법'입니다.]

현재시제

내 것으로 만들기

존재상태인 현재시제
상태니, '상태동사'와 잘 어울리지 않을까요?

[동사는 '존재 · 소유 (be, have)', '과정 · 변화 (get, take)', '동작 · 행동 (make, do)' 등을 나타내는 말입니다.]

[움직일 '동(動)'자를 쓰다 보니, '동사' 하면 동작동사를 떠올립니다. 동작동사는 익숙하고 잘 아는 반면에, 상태동사는 그렇지 못한 것 같습니다. (영어는 품사를 나눌 때 '의미'를 기준으로 '명사 · 동사' 등으로 나눕니다. 이와 달리, 국어는 '기능'을 기준으로 품사를 먼저 나눕니다. '주어 · 목적어 · 보어' 역할을 하는 말을 "체언"이라고 하고, 서술어 역할을 하는 말을 "용언"이라고 합니다.) 용언은 '상태성 용언'과 '비상태성 용언'으로 나뉩니다. 쉽게 말해, '상태동사냐, 상태동사가 아니냐?'로 나뉩니다. 동사를 가르는 기준이 될 정도로, 상태동사는 문법에서 비중이 높습니다. 이유인즉, 구문구조가 달라지기 때문입니다. 한 예로, 상태동사는 진행형으로 쓰이지 않습니다. (* *NOT* 배고프고 있다.) 이 점은 영어도 마찬가지입니다. 구문적으로 동사의 기준이 되는 상태동사, 동작동사 못지않게 중요하니 상태동사에도 익숙해져야겠습니다.]

〉현재시제와 상태동사

be	exist	locate	lie	
have	possess	own	belong	consist

'존재 · 소유' 등을 나타내는 상태동사

see	hear	look	sound	
seem	appear	taste	smell	feel
want	wish	need	like	prefer
hate	doubt	deny	surprise	please

'감각 · 감정' 등을 나타내는 상태동사

think	believe	expect	suppose
guess	imagine	agree	deserve
know	understand	realize	recognize
mean	remember	resemble	

'생각 · 인지' 등을 나타내는 상태동사

배가 1초 동안만 고플 수 있을까요? 배고픈 상태는 순간적이지 않습니다. 지속적입니다. 강조합니다. 상태는 '지속성'을 지닙니다. 즉 위와 같은 상태동사는 '지속적인 상태'를 나타냅니다. 존재상 태인 현재시제와 잘 어울립니다. [존재상태 = 현재 상태 (이하 '현상태')]

예문7은 상태동사가 쓰인, 지속적인 현상태를 나타낸 현재시제 문장입니다.

7-1] Brr! I'<u>m</u> cold.

7-2] <u>Does</u> life <u>exist</u> on other planets?

7-3] South Korea <u>does</u> not <u>possess</u> any nuclear weapons.

7-4] Which club <u>do</u> you <u>belong</u> to?

7-5] She closely <u>resembles</u> her mother.

7-6] I <u>see</u> what you mean.

7-7] I <u>hear</u> you're getting married.

7-8] "What <u>does</u> Ella <u>look</u> like?"

"She <u>has</u> blond hair and blue eyes."

7-9] <u>Doesn</u>'t it <u>sound</u> exciting?

7-1] (부들부들 떨며) 아으, 추워. [7-2] 다른 행성에도 생명체가 존재할까요? [7-3] 한국은 어떤 핵무기도 보유하고 있지 않습니다. [7-4] 어느 클럽에 속해 있나요? [7-5] 아이가 엄마를 많이 닮았네요. [7-6] 무슨 말인지 알겠어. [7-7] 너 결혼한다며. [7-8] "엘라가 어떻게 생겼니?" "금발에다 파란 눈이야." [7-9] 흥미롭게 들리지 않니?

7-1] 나는 현재 – 지금과 지금 전후로 – 추운 상태에 있다는 말입니다. 잊지 말아야 할 점은 추운 상태가 언제까지 지속되는지 확언할 수 없다는 것입니다. 이러한 상태가 현재시제의 현상태입니다.

7-6] (see = understand) see가 상태동사일 때는 진행형으로 쓰이지 않지만 '누구를 만나다[사귀다]'라는 뜻의 동작동사일 때는 진행형으로 쓰일 수 있습니다. (상태동사 ↔ 동작동사 ☞ p. 38, 142 / 감각동사 ↔ 지각동사 ☞ ❷ p. 300)

예 Are you seeing Betty tomorrow? 내일 베티를 만날 예정이니? 〉 만날 거니?

7-7] 이때의 hear는 '소식 등을 들어 알고 있다'는 뜻입니다.

7-10] It <u>seems</u> to me that it's not your fault.

7-11] I <u>want</u> you to be happy.

7-12] What <u>do</u> you <u>like</u> for dinner?

7-13] It <u>doesn't</u> <u>surprise</u> me at all.

7-14] What <u>do</u> you <u>think</u> of Korea?

7-15] <u>Do</u> you <u>believe</u> in ghosts?

7-16] I <u>know</u> of him, but I <u>don't</u> <u>know</u> him.

7-17] I <u>don't</u> <u>understand</u> what you're talking about.

7-18] What <u>does</u> this message <u>mean</u>?

7-10] 내가 보기에 그건 네 잘못이 아닌 것 같아. [7-11] 네가 행복했으면 좋겠어. [7-12] 저녁으로 뭘 먹을래? [7-13] 전혀 놀랄 만한 일이 아닌데요. [7-14] 한국을 어떻게 생각하십니까? [7-15] 귀신이 있다고 믿습니까? [7-16] (안면이 있어) 그 사람이 누군지는 알지만, (겪어 보지 않아) 어떤 사람인지는 모릅니다. [7-17] 네가 무슨 말을 하는지 모르겠어. [7-18] 이 메시지는 무슨 뜻이야?

7-16] ▶ know: 'know of Bhutan'은 부탄이라는 나라의 존재를 아는 정도고, 'know about Bhutan'은 책이나 TV를 보고 부탄에 대해 이것저것 아는 정도입니다. 'know Bhutan'은 '체험적으로 알고 있다'는 뜻으로, 부탄에서 살아 본-부탄을 직접 겪어 본-사람이 할 수 있는 말입니다. 이런 맥락에서, 우리는 세종대왕을 'know him' 할 수 없습니다. 동시대의 왕비나 집현전 학자 정도는 되어야 할 수 있습니다. 우리는 세종대왕을 'know about him' 합니다. ['…을 잘 모른다'는 'I don't know much about …' 이렇게 말합니다. (*NOT* I don't know about … well.)]
  예 I know about the sun. 태양에 대해 〉 태양을 안다. / *NOT* I know the sun.

주의! 상태 〉 지속 〉 진행: 지속성을 지닌 상태. 상태에는 '지속'의 의미가 들어 있고, 지속에는 '진행'의 의미가 내포되어 있습니다. 진행의 의미가 이미 들어 있으므로, 상태동사는 진행형으로 쓰이지 않습니다. 아니, 진행형으로 쓰일 필요가 없는 것입니다. * He has a car. he는 차가 있어. / *NOT* He's having a car.

― | 속성을 왜 현재시제로 나타낼까?

영원불변이 영원불변을 – 현재시제가 불변의 진리를 – 나타내듯이, 영속성/항구성을 지닌 현재시제가 '영속적인/항구적인 것'을 나타내지 않을까요?

- Water <u>freezes</u> at 0℃. [현재시제]
  물은 0도에서 언다.

물은 0도에서 업니다. 물의 '속성'입니다. 이러한 속성은 영원불변합니다. 즉 '영속적/항구적'입니다. 마땅히 영속성/항구성을 지닌 현재시제로 나타냅니다.

속성은 주어에 따라 '성질·특성' 등의 의미로 확장됩니다.

예문8은 주어의 속성/성질·특성/습성 등을 나타낸 현재시제 문장입니다.

8-1] Ice <u>floats</u> on water.

8-2] Bees <u>make</u> honey.

8-3] When winter comes, swallows <u>migrate</u> south.

8-4] Human beings <u>walk</u> upright.

8-5] Cacti <u>are</u> covered with prickles.

8-6] Rice <u>does</u> not <u>grow</u> in cold climates.

8-7] He <u>doesn't eat</u> hamburgers.

8-8] He <u>has</u> an allergy to peanuts.

8-9] She<u>'s</u> a friendly, outgoing woman.

8-1] 얼음은 물에 뜬다. [8-2] 벌은 꿀을 만든다. [8-3] 겨울이 오면, 제비는 남쪽으로 이동한다. [8-4] 인간은 직립보행을 한다. [8-5] 선인장은 가시로 덮여 있다. [8-6] 벼는 한랭 기후에서 자라지 않는다. [8-7] he는 햄버거를 먹지 않아요. [8-8] he는 땅콩 알레르기가 있어요. [8-9] she는 친절하고 사교적인 사람이에요.

8-7~9] 주어가 사람이므로, '기호/성향·성격/성품' 등을 나타냅니다.

주어의 속성을 말하는 것은 주어의 뜻을 밝혀 규정하는 '정의'를 내리는 일이기도 합니다. 정의 또한 영원불변이고, 영속적/항구적입니다. 역시, 영속성/항구성을 지닌 현재시제로 나타냅니다.

정의는 주어에 따라 '규정·지정' 등의 의미로 확장됩니다.

예문9는 주어를 정의/규정·지정/설명 등을 한 현재시제 문장입니다.

9-1] Dogs <u>are</u> animals.
9-2] The animal in this picture <u>is</u> called "Koala."
9-3] What'<u>s</u> the French word for happiness?
9-4] Liars <u>are</u> people who don't tell the truth.
9-5] A verb such as 'come' and 'be' <u>is</u> a word that expresses an action or a state.
9-6] The four sides of a square <u>are</u> equal in length.
9-7] Parents' Day <u>is</u> on May 8th.
9-8] What <u>does</u> your company <u>make</u>?
9-9] "Where <u>do</u> you <u>come</u> from, Betty?"
　　"I <u>come</u> from Sydney."

9-1] 개는 동물이다. [9-2] 이 사진 속의 동물은 "코알라"다. [9-3] 행복이 불어로 뭐예요? [9-4] 거짓말쟁이는 사실을 말하지 않는 사람이다. [9-5] 동사는 come이나 be와 같은, 동작이나 상태를 뜻하는 단어다. [9-6] 정사각형의 네 변의 길이는 같다. [9-7] 어버이날은 5월 8일이다. [9-8] 무엇을 만드는 회사니? [9-9] "베티야, 고향이 어디니?" "시드니야."

9-9] 'I <u>came</u> from …' 이렇게 과거시제로 말하면 출신지가 아니라, 여기 오기 전에 있던 곳, 즉 '출발지'를 뜻하게 됩니다.

　　예 "Where did you come from?"
　　　　"어디서 왔나요?" (출신지를 묻는 말이 아님)
　　　"I came here from New York."
　　　　"뉴욕에서 왔어요." (출발지가 뉴욕)

여기서 강조하고 싶은 점이 있습니다. 예문8/9를 과거시제로 말하면 대부분 어색하게 들린다는 것입니다.

9-1] Dogs are animals. [현재시제]

9-1을 과거시제로 바꾸어 보겠습니다.

9-1-ⓐ] Dogs were animals. [과거시제]

개는 동물이었다? 그럼 지금은 동물이 아닌가요?

과거와 지금과 미래가 동시에 펼쳐져 있는 존재 상태

현재시제는 '과거와 지금과 미래가 동시에 펼쳐져 있는' 존재 상태입니다. 즉, 9-1에는 과거에도 지금도 미래에도 개가 동물이라는 '세 가지 시간의 뜻이 그것도 한꺼번에' 들어 있습니다. 그런데 9-1-ⓐ에는 한 가지 시간의 뜻만 들어 있습니다.

역으로, 개는 '과거에도 지금도 미래에도, 언제나' 동물입니다. "개는 동물"이란 말은 세 가지 시간이 들어 있는 현재시제로 나타내야 합니다. 그런데 9-1-ⓐ는 한 가지 시간만 들어 있는 과거시제로 나타냈습니다. 어색하게 들릴 수밖에 없습니다.

개는 언제나 동물이므로, 9-1은 '100% 객관적인 사실'입니다. 이번에는 9-1에 조동사를 한번 넣어 보겠습니다.

후술하겠지만, 'will·can·may'와 같은 조동사는 서법 조동사로 '주관적인 생각'을 나타냅니다. 해석해 보면,

9-1-ⓑ] Dogs can[will/may] be animals.

'개는 동물일 수 있다[동물일 것이다/동물일지도 모른다].'

개가 동물이 아닐 수 있나요? 이것이 예측하거나 추측할 일인가요? 개가 동물인 것은 객관적인 사실입니다. 주관적으로 생각할 여지가 – 조동사가 들어갈 틈새가 – 없습니다. 그런데 9-1-ⓑ는 주관적으로 생각했습니다. 어색하게 들리고도 남습니다.

오늘을 사는 우리는 9-1을 과거시제로 말하지 않습니다. 더구나 조동사를 넣어 표현하지 않습니다. 가정하거나 극단적인 경우가 아니면 현재시제로 말합니다. 여기서 현재시제의 또 다른 속성인 '절대성'을 엿볼 수 있습니다.

영원불변의 현재시제, 지금까지 현재시제의 속성으로 영원의 영속성과 불변의 항구성을 살펴보았습니다. 영속적이고 항구적이면 그것이야말로 절대적인 것이 아닐까요? 지금부터 현재시제의 절대성을 살펴보겠습니다. 현재시제가 새로운 국면으로 접어듭니다.

네? 생각을 너무 많이 해서 머리가 지끈지끈한다고요? 머릿속이 커지고 깊어지는 과정에서 나타나는 일시적인 호전반응입니다. 머리에 좋으니 마음껏 생각하십시오.

─| 현재시제가 과연 미래시제를 대신할까? (★★★ 매우 중요)

1년 후에 무슨 일이 일어날까요? 너무 막연한가요? 그럼 내일 무슨 일이 일어날까요? 예측은 할지언정, 장담은 하지 못합니다. 그런데 10년 후의 일을, 아니 100년 후의 일을 장담하는 경우가 있습니다. 빈말이 아닙니다.

여러분

100년 후에 해가 뜰까요, 안 뜰까요? 네, 그렇습니다. 뜹니다. ('뜰 것이다.'가 아니라 '뜹니다.'입니다.)

내일 일도 장담하지 못하면서, 100년 후의 일을 장담할 수 있는 이유는 현재시제가 '절대성'을 지녔기 때문입니다.

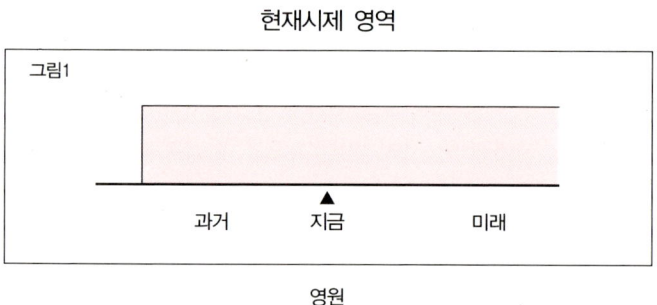

영원을 나타내는 그림1, 과거·지금·미래가 '영원 속에' 있습니다. 영원 속에 있기에, 과거·지금·미래는 '하나의 시간'입니다.

하나의 시간이기에, 지금까지 영원한 일은 앞으로도 영원한 일입니다. 그래야 영원입니다. 앞으로도 영원한 일이기에, 영원 속에서 지금까지 일어난 일은 앞으로 반드시 일어납니다. 강조합니다, 그림1의 미래는 '영원 속에 있는 미래'입니다. 다름 아닌, 앞으로 반드시 일어나는 미래, '절대적인 미래'입니다.

절대적인 미래: 앞으로 반드시 일어나는 미래

- 100 years from now, the sun <u>rises</u>. [현재시제]
  백 년 후에도 해는 뜬다.

영원 속에서 오늘까지 일어난 일출은 영원한 일이므로, 내일도 모레도 글피도, 백 년 후에도 해는 뜹니다. 일출은 '반드시 뜨는' 절대적인 미래이므로, 백 년 후는 말할 것도 없고 천년만년 해가 뜬다고 장담하는 것입니다. 그렇습니다. 현재시제로 나타내는 것입니다. 확실히 하면,

- It'<u>s</u> Friday tomorrow. [현재시제]
  내일은 금요일이다.

오늘은 목요일입니다. 그럼 내일은? 생각할 것도 없이 금요일입니다. 절대적인 미래이므로, 당연히 현재시제로 나타냅니다.

[will을 못 쓰는 이유: 위 예문은 '미래' 하면, will이 떠오르는 사람에게는 낯설어 보이는 문장입니다. 뜻밖에도, will은 미래를 나타내는 시제 조동사가 아닙니다. 서법조동사로 '화자의 예측'을 나타냅니다. 예측은 얼마쯤이라도 불확실한 상황에서 하는 말입니다. 목요일인 오늘, 내일이 금요일인 것은 예측할 일도, 불확실한 상황도 아닙니다. will을 넣어 말하면 안 됩니다. ★ 예측의 will ☞ ❷ p. 20]

궁금합니다. 절대적인 미래에는 또 어떤 일이 있을까요?

- My train starts at nine tomorrow morning. [현재시제]
  내가 탈 기차는 내일 아침 9시에 출발합니다.

위 예문과 관련해 보통 문법책에 ▶ 기차가 내일 아침 9시에 출발하니 미래시제를 써야 하지만, 동사가 'start · begin, arrive · reach · leave, go · come'과 같은 '왕래발착동사'면 '미래시제[will start]' 대신 '현재시제[starts]'를 쓴다고 나옵니다. "현재시제의 미래시제 대용"이라며 말입니다. ◀ 말도 안 되는 해괴한 논리, 밑도 끝도 없이 암기하는 주입식 문법, 진저리나도록 할 만큼 했으니, 이제 그만 했으면 합니다. 재미도 없지 않습니까?

위 예문의 나침반은 (왕래발착동사와 상관없는) 절대적인 미래입니다. 나침반이 가리키는 방향은 (현재시제의 미래시제 대용이 아닌) 절대적인 미래가 쓰이는 상황과 의도입니다. 발상 전환!

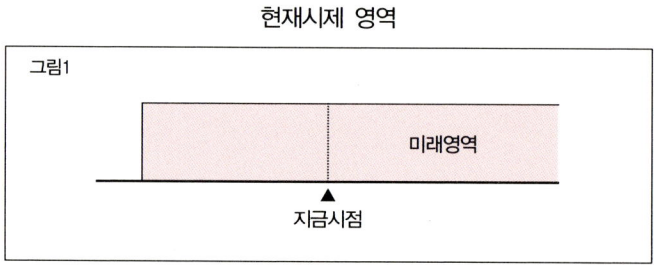

그림1을 보면 한눈에 알 수 있듯이, 현재시제는 원래 미래를 포함합니다. 현재시제 영역에는 본래 미래영역이 있습니다. 이는 곧 현재시제가 본디 미래를 나타낸다는 뜻입니다.

[현재시제가 본디 미래를 나타냅니다. 핵심은 현재시제가 나타내는 미래의 성격으로 그것이 '절대적인 미래'라는 것입니다. 미래가 영원 속에 있어 절대적인 미래가 된 것이고, 영원 속에 있는 미래라 절대적인 미래인 것입니다.]

내일 아침에 해가 뜰까요, 안 뜰까요? 물어보나 마나입니다. 그럼 내일 아침 9시 기차가 내일 아침 9시에 출발할까요, 안 할까요? 물어볼 것도 없습니다. (내일 아침에 해가 안 뜬다고 생각하는 사람은 없듯이, 기차가 제때 출발하지 않는다고 생각하는 사람도 없습니다. * The sun <u>rises</u> tomorrow morning. / The 9 a.m. train <u>starts</u> at nine tomorrow morning.)

9시에 출발한다고 했으면, 당연히, 기차는 9시에 출발해야죠? 기차 출발은 일출과 같은 절대적인 미래입니다. 위 예문은 (미래시제 대신 현재시제를 쓴 것이 아니라) 현재시제로 나타낼 것을 현재시제로 나타낸 것입니다. 요컨대, 기차 출발이 절대적인 미래라 현재시제를 쓴 것입니다. 마땅히 현재시제로 나타냅니다.

예정된 기차 출발 날짜와 시각은 지켜지고, 기차는 예정대로 출발합니다. 이를 믿어 의심하지 않고 기정사실로 받아들입니다. 예정이되, 절대적인 미래인 기차 출발은 '절대적인 예정'입니다. 강조합니다, 절대적인 예정은 '고정된 fixed' 미래로, 기차 시각표와 같은 '공식적인 예정'으로 풀이됩니다. ("몇 시에 기차 <u>출발하니</u>?" "내일 아침 9시에 <u>출발해</u>." 이렇게 국어도 기차 시각표를 말할 때는 현재시제로 나타냅니다.)

주의! 예정은 미리 정한 미래시간이 있어 예정입니다. 예정을 말할 때는 미래시간을 꼭 써야 합니다. 미래시간은 ('tomorrow · next month · in two days'와 같은) 미래시간 부사(구)를 써서 나타냅니다.

예문10은 미래시간 부사(구)와 함께, '시간표[날짜표]'와 같은 공식적인 예정을 – 절대적인 미래를 – 나타낸 현재시제 문장입니다.

10-1] The film <u>begins</u> at eight this evening.
10-2] The new semester <u>starts</u> on March 2nd.
10-3] When <u>does</u> the KTX <u>arrive</u> in Busan?
10-4] The Seoul Motor Show <u>is</u> held at the beginning of next month.
10-5] The Nuri <u>is</u> launched into space in two days.

10-1] 영화는 오늘 저녁 8시에 시작한다. [10-2] 새 학기는 3월 2일에 시작한다. [10-3] KTX는 언제 부산에 도착합니까? [10-4] 다음 달 초에 서울 모터쇼가 개최된다. [10-5] 누리호가 이틀 후에 우주로 발사된다.

10-1~5] 영화는 언제 상영한다고 하면, 어김없이 그 시간에 상영합니다. 이렇듯 영화 상영은 '절대적인 예정'이고, '공식적인 예정'입니다. 학기 개강과 KTX 도착도, 모터쇼 개최와 누리호 발사도 마찬가지입니다.

10-5] ▶ in two days: 누리호 발사가 이틀 안에 있습니다. 흐르는 시간 안에 있으니 이틀이 지나면 밖으로 나오게 됩니다. 역으로, 이틀 안에 있는 누리호 발사가 이틀 밖으로 나오려면 이틀이 지나야 합니다. 이는 누리호가 발사되기까지 '이틀 걸림'을 의미합니다. 이틀이 걸리니, in을 '후에'로 해석하는 것입니다. 이때의 in은 '시간의 경과'의 의미로, 무일 하는 데 '소요되는 시간'을 나타냅니다. 지금이나 오늘을 기준으로 '(시간상) 후에'라는 뜻으로 쓰입니다.

> 예 I'll come back in two hours.
> 되돌아오려면 지금부터 두 시간 지나야 한다. 〉 걸린다. 〉 두 시간 후에 올게.

주의! 불가항력인 천재지변이 일어나면, 예정이 취소되거나 연기될 수 있습니다. 하지만 천재지변이 언제 어디서 어떻게 일어나는지 누구도 장담하지 못합니다. 현재시제에서 가정은 금물!

생각문법

10-6] My kids go back to school <u>on the 2nd of March</u>.

10-7] <u>On Monday next</u>, I have a four-day final exam.

10-8] <u>What time</u> do you leave the office?

10-9] The Prime Minister visits China <u>next Monday</u>.

10-6] 애들은 3월 2일에 개학해요. [10-7] 다음 주 월요일부터 나흘간 기말시험이 있어. [10-8] 몇 시에 퇴근하니? [10-9] 다음 주 월요일에 총리가 중국을 방문한다.

10-6~9] 학교·회사·정부와 관련된 공식적인 예정입니다. 주어가 사람이라고 개인적인 예정으로 여기면 안 됩니다.

약속과 같은 '개인적인 예정'은 현재진행으로 나타냅니다. ☞ p. 146

* I <u>am playing</u> tennis with Betty tomorrow afternoon. [현재진행]
  내일 오후에 베티랑 테니스 치기로 했어.

예정과 일정은 어감이 다릅니다. 미리 정한 예정은 지켜야 하는 '약속'으로 느껴지고, 짜 놓은 일정은 전해야 하는 '알림'으로 느껴집니다. 공식적인 예정과 달리, 후술하겠지만, '공식적인 일정'을 말할 때는 will을 씁니다. ★ 일정의 will ☞ ❷ p. 34

* According to the official schedule, the Prime Minister <u>will visit</u> China next Monday.
  공식 일정에 따르면, 다음 주 월요일에 총리가 중국을 방문합니다.

보통 문법책에 나오는 '현재시제의 미래시제 대용'은 영원불변의 현재시제를 알아보지 못하고, '현재=지금'이라는 발상에서 기인한 문법 같지 않은 문법입니다. 대용은 무슨 대용, 차후 밝혀지겠지만 시제에는 현재시제와 과거시제뿐, 미래시제는 아예 없습니다.

현재시제가 미래시제를 대신한다는 경우가 또 있습니다.

- When I <u>arrive</u> there, I'll phone you. [현재시제]
  그곳에 도착하면 전화할게.
  – 미래사건ⓐ: 도착하는 일 [시간 부사절] / 미래사건ⓑ: 전화하는 일

- If it <u>rains</u> tomorrow, I won't go there. [현재시제]
  비가 오면 그곳에 안 갈 거야.
  – 미래사건ⓐ: 비가 오는 일 [조건 부사절] / 미래사건ⓑ: 가지 않는 일

위 예문과 관련해 보통 문법책에 ▶ 사건ⓐ가 미래에 일어나니 '미래시제 [will arrive, will rain]'를 써야 하지만, 사건ⓐ가 시간과 조건의 부사절이면 미래시제 대신 '현재시제[arrive, rains]'를 쓴다고 나옵니다. ◀ 조건 부사절에 will과 같은 조동사를 쓸 때도 있는데, 이 경우는 어떻게 설명? 예외의 예외? 이런 것이 문법?

사건ⓐ가 일어나지 않으면, 사건ⓑ도 일어나지 않습니다. 사건ⓑ가 일어나려면, 사건ⓐ가 먼저 '반드시 일어나야' 합니다. 이렇듯 부사절인 사건ⓐ는 사건ⓑ와 대비해, 반드시 일어나는 미래인 '절대적인 미래'입니다. 위 예문의 부사절도 (미래시제 대신 현재시제를 쓴 것이 아니라) '현재시제로 나타낼 것을 현재시제로 나타낸 것'입니다. 요컨대, '부사절이 절대적인 미래라' 현재시제를 쓴 것입니다. 마땅히 현재시제로 나타냅니다.

[우리가 국어로 말할 때도, "그곳에 도착할 것이면 전화할게.", "비가 올 것이면 그곳에 안 갈 거야." 이렇게 말하지 않습니다. 이유는 도착과 강우가 – 부사절의 내용이 – 특정한 시간과 조건일 뿐, 예측할 일이 아니기 때문입니다. 후술하겠지만, will은 서법 조동사로 '화자의 예측'을 나타냅니다. (국어문법도 같습니다. '-ㄹ 것이-/-겠-'이 쓰인 서법을 "추정법"이라고 하는데, 위 예문의 부사절은 추정할 일이 아닙니다.)]

예문11은 시간과 조건의 부사절을 현재시제로 나타낸 문장입니다.

시간 부사절

11-1] I'll call you again <u>when</u> I <u>get</u> home.
11-2] What do you want to be <u>when</u> you <u>grow</u> up?
11-3] <u>When</u> spring <u>comes</u>, flowers bloom.
11-4] <u>When</u> I <u>give</u> the signal, turn on the light.

11-1] 집에 도착하면 다시 전화할게. [11-2] 커서 무엇이 되고 싶니? [11-3] 봄이 오면 꽃이 핀다네. [11-4] 신호하면 불을 켜.

시간 부사절을 이끄는 접속사에는 when을 비롯해, 'while after · before, until, as soon as' 등이 있습니다. ☞ ❹ p. 71

11-5] I'm going to study English <u>while</u> <u>I'm</u> on vacation.
11-6] You'll feel better <u>after</u> you <u>take</u> a day off.
11-7] Think about it carefully <u>before</u> you <u>decide</u>.
11-8] I'll wait <u>until</u> you <u>get</u> back. (until = till)
11-9] I'll come <u>as soon as</u> I <u>finish</u> it.

11-5] 방학 동안 영어 공부하려고 해. [11-6] 하루 쉬면 나아질 거야. [11-7] 결정하기 전에 그것을 신중히 생각해. [11-8] 네가 돌아올 때까지 기다릴게. [11-9] 그것을 끝내자마자 갈게.

조건 부사절

11-10] <u>If</u> we <u>do</u>n't <u>hurry</u>, we'll be late.
11-11] <u>If</u> anyone <u>calls</u>, tell them I'm not here.
11-12] What will you do <u>if</u> you <u>fail</u>?
11-13] You'll be fined <u>if</u> you <u>do</u>n't <u>return</u> the books.
11-14] You can stay here <u>if</u> you <u>want</u>.

11-10] 서두르지 않으면 우린 늦을 거야. [11-11] 누구한테든 전화 오면, 나 여기 없다고 해라. [11-12] 실패하면 어쩌려고? [11-13] 책을 반납하지 않으면 연체료를 물게 될 거야. [11-14] 있고 싶으면 있어도 돼.

조건 부사절을 이끄는 접속사에는 if을 비롯해, 'unless, once in case, so long as' 등이 있습니다. ☞ ❹ p. 81

11-15] You'll fail this exam <u>unless</u> you <u>study</u> harder.
11-16] <u>Once</u> you <u>leave</u>, you can't return.
11-17] <u>In case</u> I'm late, start without me.
11-18] You may stay here <u>so long as</u> you <u>keep</u> quiet.

11-15] 더 열심히 공부하지 않으면 이번 시험에 떨어질 것이다. [11-16] 한번 떠나면 돌아올 수 없다. [11-17] 내가 늦으면 나 없이 시작해라. [11-18] 조용히만 하면 여기 있어도 좋다.

['If it rains tomorrow, I won't go there.' – 그곳에 안 가려면, 비가 먼저 '반드시 와야' 합니다. 비가 오는 일은 그곳에 안 가는 '절대적인 조건'이기도 합니다.]

생각문법

여기서 강조하고 싶은 점이 있습니다. 상대방에게 '부탁하거나 호의를 바랄 때'는 조건 부사절을 현재시제로 말하면 안 된다는 것입니다. 이유는 조건 부사절을 절대성을 지닌 현재시제로 말하면 '절대적인 조건'이 되기 때문입니다.

한번 생각해 보십시오. 절대적인 조건을 달고 부탁할 수 있을까요? 절대적인 조건을 내밀며 호의를 바랄 수 있을까요? 상대방은 부탁을 들어주거나 호의를 베풀 사람이므로, '정중히/공손히' 요청해야 합니다. 조건 부사절에 조동사를 써야 합니다.

예문12-1~7은 정중한/공손한 요청을 위해, 조건 부사절에 조동사 'will/would · can/could'가 쓰인 문장입니다.

12-1] I will be glad if you will stay with me.

12-1] 저와 함께 있어 주시면 고맙겠습니다. '함께 있어 주지 못할 수도 있겠지만' 이러한 전제하에, 화자는 거절을 받아들일 마음의 준비를 얼마쯤 한 상태입니다. 상대방에게 거절의 여지를 남겨 주고, 거절의 부담을 덜어 줍니다. 정중한 요청입니다. (정중: 예의를 갖춤) (will을 쓰지 않으면, 현재시제의 '절대적인 조건'이 됩니다. '나와 함께 있지 않으면 고맙지 않겠다.' – 어찌 들으면 협박으로 들리기도 합니다.)
★ 조건절에 조동사가 쓰이는 또 다른 경우 ☞ ❷ p. 225

[will은 서법 조동사로 '화자의 예측'을 나타냅니다. 예측은 예측일 뿐, 100% 확신은 아닙니다. 얼마쯤이라도 '불확실함'이 들어 있습니다. 조건 부사절에 will을 쓰면 얼마간 '불확실한 말'이 됩니다. 불확실함은 위 예문의 경우, '함께 있어 주지 못할 수도 있겠지만' 이러한 전제가 됩니다.]

12-2] I would appreciate it <u>if</u> you <u>would stay</u> with me.

12-3] I'll be glad <u>if</u> you <u>can help</u> me. (I'll = I will)

12-4] I'd be grateful <u>if</u> you <u>could help</u> me. (I'd = I would)

12-5] <u>If</u> you <u>can lend</u> me some money, I'll be grateful.

12-6] <u>If</u> you <u>could lend</u> me some money, I'd be grateful.

12-7] <u>If</u> you <u>would/could</u> just <u>wait</u> for a moment, I'll go and check it out.

12-2] 저와 함께 있어 주신다면 감사하겠습니다. [12-3] 도와주시면 고맙겠습니다. [12-4] 도와주신다면 감사하겠습니다. [12-5] 돈을 빌려 주시면 고맙겠습니다. [12-6] 돈을 빌려 주신다면 감사하겠습니다. [12-7] 잠시만 기다려 주신다면, 제가 가서 알아보겠습니다.

12-2/4] would나 could를 쓰면 공손한 요청이 됩니다. (공손: 예의가 바름)
  예 If you would accept my apology, ... 제 사과를 받아 주신다면 ...

12-3] '도와줄 수 있으면'은 '도와줄 수 있다'는 가능성뿐 아니라 '도와줄 수 없다'는 가능성도 열어 둔 말입니다. 도움을 간접적으로 구하고 있습니다. 정중한 표현입니다. 예 If I may say so, ... 이렇게 말하기는 좀 그렇지만, ...

하지만 상대방에게 '허락을 구할 때'는 (TV를 끄는) 행위의 주체가 '나[I], 본인'입니다. (허락을 구하는데, 자신의 행위에 대해 조동사를 넣어 불확실하게 말한다?) 이때는 조건 부사절에 조동사를 쓰지 않습니다.

12-8] Is it okay <u>if</u> I <u>turn</u> the TV off?

12-9] Do you mind <u>if</u> I <u>use</u> this computer?

12-8] TV를 꺼도 괜찮겠어요? [12-9] 이 컴퓨터를 좀 써도 될까요?

생각 더하기   3. 절대적인 미래와 명사절

- Do you know <u>when</u> he <u>will come</u>?
    - he가 언제 올지 아니?
    - 언제 올지: 예측하는 말 (will: 예측의 will)
      상대방에게 he에 대한 예측을 물음
    - 'when he will come': know의 목적어, 명사절

[절이 명사 역할을 – 문장에서 '주어·목적어·보어' 역할을 – 하면 이 때의 절을 "명사절"이라고 합니다. 위 예문의 'when he will come'은 know의 목적어로 쓰인 명사절입니다.]

시간과 조건의 부사절과 달리, 위 예문의 명사절에는 will이 쓰였습니다. 왜? 명사절이라? 명사절이라는 형식과 상관없이, 질문 내용이 예측하는 말이기 때문입니다. 또는, 미래사건이 절대적인 미래인 공식적인 예정이 아니기 때문입니다. 미래사건이 절대적이고 공식적이면, 명사절이라도 아래 예문과 같이 will이 쓰이지 않습니다.

- Do you know <u>when</u> the train <u>arrives</u> at Seoul Station?
    - 기차가 서울역에 언제 도착하는지 아니?
    - 언제 도착하는지: 기차 도착 시간은 이미 정해진, 고정된 미래
      예측할 일이 아님. will을 쓰면 안 됨
    - 기차 시각표: 절대적인 미래 > 공식적인 예정. 현재시제로 나타냄
    - 'when the train arrives ...': know의 목적어, 명사절

명사절이라도 예측할 일이면 will을 쓰고, 예측할 일이 아니면 will을 쓰지 않습니다.

—┃ '간다'는 '갈 것'일까, '가겠다'일까?

- He goes to Hanguk University.
  해석①: he는 한국대학에 간다. 〉 다닌다.

해석①은 he가 한국대학에 다니는, 재학 중인 대학생이라는 말입니다. '직업'을 나타내는 예문1의 해석입니다.

- She goes to Hanguk University tomorrow.
  해석②: she는 내일 한국대학에 간다. 〉 갈 예정이다. 〉 갈 것이다.

해석②는 she의 내일 한국대학 방문이 기정사실이라는 말입니다. 한국대학을 안 다니는 사람도 할 수 있는 말입니다. '공식적인 예정'을 나타내는 예문10의 해석입니다. 이때의 '간다'의 의미는 '갈 것'입니다. 한편, '간다'에는 또 다른 의미가 들어 있습니다.

- 한국대학에 간다.

바로, '가겠다'입니다. '한국대학에 간다.'를 소리 내어 여러 번 읽어 보십시오. 각오로 들리지 않습니까? 다짐으로 느껴지지 않습니까?

한국대학은 누구나 가고 싶어 하는 명문대입니다. 철수는 작년에 입학했지만, 철수 친구인 민호는 안타깝게도 두 번이나 떨어졌습니다.

삼수생인 민호, 또 떨어지면 영락없이 군대를 가야 합니다. 벼랑 끝에 서 있는 심정으로 오늘도 밤새도록 공부합니다. 졸음을 쫓는 눈에는 비장함이 서려 있습니다. 고생하시는 부모님 생각에 자신도 모르게 두 주먹을 불끈 쥡니다. 바로 이때 민호 입에서 나온 결연한 한마디, 그 한마디가 바로, '한국대학에 간다.'입니다. 아주 강한 의지가 느껴집니다. 이것이 바로, '현재시제의 의지', '절대적인 의지'입니다. 정말, 아주 강한 의지가 느껴집니다.

절대적인 의지:
기필코 하고야 말겠다는, 사람이 가질 수 있는 최대의 의지

- I go to Hanguk University (next year).
  해석③: (내년에는) 한국대학에 간다. 〉 가겠다.

해는 때가 되면 자연히 뜨고 지지만, 한국대학 입학은 때가 된다고 무조건 되지 않습니다. 해석③으로 해석되는 위 예문은 (한국대학 입학을 일출과 같은 일로 만들고야 말겠다는) (내년에는) 기필코 한국대학에 입학하고야 말겠다는 절대적인 의지의 표현입니다.

절대적인 의지는 무지무지 강한, 때로는 섬뜩할 정도로, 사람이 가질 수 있는 최대의 의지입니다. 이러한 절대적인 의지를 현재시제가 나타냅니다.

주의! 어떤 일을 이루고자 하는 의지는 (시간이 아닌) 마음의 문제입니다. 의지를 말할 때는 예정을 말할 때와 달리, ('next year'와 같은) 미래시간 부사(구)를 쓰지 않을 수 있습니다.

예문13은 절대적인 의지를 나타낸 현재시제 문장입니다.

13-1] I go to England to study this year.
13-2] I wait for you.
13-3] I kill him.

13-1] 올해는 영국으로 유학 간다. [13-2] 나 너 기다린다. [13-3] 내가 그 인간 죽여 버리고 만다.

13-1] 올해는 무슨 일이 있어도, 기필코 영국으로 유학을 가고야 말겠다는 매우 강한 의지가 느껴집니다.

13-2] 처음에는 영희가 철수를 싫어했습니다. "나 너 싫다니까 짜증나게 자꾸 왜 이래?" 영희가 쏘아붙이자, 마음의 준비를 단단히 한 철수가 의연히 던진 한마디가 이 예문입니다. 무섭게 들릴 정도입니다. 시간이 흘러 철수를 사랑하게 된 영희, 군대 가는 철수에게 어떤 일이 있어도 기다린다는 뜻으로 결연히 던진 한마디가 또한 이 예문입니다.

13-3] 비장함이 느껴집니다.

> 위 세 예문은 주어가 '1인칭, 나, 화자 자신'입니다. 화자 자신이 앞으로 일어날 자신의 일을 말하면, 이는 무엇을 하겠다는 '의지'가 있다는 의미고, 무엇을 하려는 '의도'로 풀이됩니다.

> 현재시제의 의지는 절대적이라, 극단적인 느낌이 들 정도로 어감이 매우 강합니다. 후술하겠지만, 의지의 will을 써서 'I will go[wait/kill] …' 보통 이렇게 말합니다. 그래도 어감은 상당히 강합니다.

절대적인 의지는 주어에 따라 '확고한 믿음, 간절한 바람' 등의 의미로 확장됩니다.

13–4] We <u>open</u> on April 3rd.
13–5] That store <u>sells</u> fresh vegetables.
13–6] This copier <u>works</u> well.
13–7] My son <u>comes</u> back.
13–8] We <u>win</u> the game by two goals.
13–9] You <u>pass</u> the exam.

13–4] 4월 3일 오픈 [13–5] 저 가게는 신선한 야채를 판다. [13–6] 이 복사기는 작동이 잘된다. [13–7] 우리 아들은 돌아온다. [13–8] 우리 팀이 두 골 차로 이긴다. [13–9] 너는 시험에 합격한다.

13–4] 가게 주인이 절대적인 의지로 반드시, 4월 3일에 가게를 오픈하겠다고 공식적으로 한 말입니다. 공언한 만큼, 고객에게 믿음을 심어 줍니다.

13–5] 변함없이 신선한 야채를 파는 가게라는 말로, 가게에 신뢰가 갑니다.

13–6] 한결같이 작동이 잘되는 복사기라는 말로, 복사기에 믿음이 갑니다.

13–7] 이를테면, 전쟁터로 아들을 보낸 어머니가 한 말입니다. 매우 강한 의지가 확고한 믿음을 넘어 간절한 바람이 되었습니다.

13–8] 경기 시작 전인데, 두 골 차 승리를 기정사실로 여기고 있습니다. 그만큼 승리를 기원하고 있습니다.

13–9] 민호 아버지가 민호에게 한 말입니다.

▶ 'You should pass the exam.': '(열심히 공부했으니, 당연히) 합격하고말고, 합격하다마다.'라는 말입니다. 이때의 should는 '당연시되는 일에 대한 화자의 예측'을 나타냅니다. ★ 예측의 should ☞ ❷ p. 202

어떻습니까? 현재시제를 알수록 현재시제가 점점 더 커 보이지 않습니까?

현재시제
절대시제

문법에서 말하는 현재는 과거·미래와 대등한 관계에 있지 않습니다. 과거·미래를 모두 포함하는 상위에 있습니다.

'2+2' 이 말을 보았을 때, '4' 이외에 다른 생각이 들 수 있을까요? 'The earth goes around the sun.' 이 말을 들었을 때 지구가 태양 주위를 도는 것 말고 다른 생각을 할 수 있을까요? 현재시제는 다른 생각이 들지도 않고, 다른 생각을 할 수도 없는 '절대적인 absolute' 시제입니다. (현재시제의 '영속성/항구성'과 현재시제의 '절대성'은 일맥상통합니다.)

여러분

절대성을 지닌 현재시제는 의미가 절대적이라 – 의미를 더하지도 빼지도 못하므로 – 매우 강한 인상을 풍깁니다. 어투가 잘라 말하듯이 단정적이고, 그만큼 어감이 딱딱합니다. 이 문제를 앞서 예문4에서는 빈도부사를 써서 해결했습니다. 그럼 빈도부사를 안 쓰거나 못 쓰는 현재시제 문장은 어떻게 해결할까요?

─| 왜 'I think ...'로 말할까?

- You <u>are</u> lazy.
  너는 게을러. 〉 게으름쟁이야.

위 예문은 사람을 "you = lazy"라고, 사전에서 표제어를 정의하듯 못 박아 말하고 있습니다. 현재시제가 절대성을 지녀 욕으로 들릴 정도로 듣기에 지나칩니다. 상대방을 비하할 양이 아니면,

- <u>I think</u> you are lazy.
  너는 게으른 것 같아.

위 예문과 같이, 'I think'를 써서 말하는 것이 예사입니다. '내 의견'이라고 (절대적이 아니라) '상대적으로' 말하면, 현재시제의 절대성이 묽어집니다. 단정적인 어투와 딱딱한 어감이 한층 부드러워집니다. 상대방은 조언으로 받아들일 것입니다. 'I think'와 같은 말에는 'I believe, I suppose' 등이 있습니다.

주의! 이때의 think는 '의견[견해]가 있다'는 뜻입니다. '머리[두뇌]를 써서 생각한다'는 뜻이 - 'I'm thinking about it.'의 think와 같은 말이 - 아닙니다. '나는 생각한다.'로 해석하면 안 됩니다.

주의! think가 '의도·기대'의 뜻일 때는 부정사와 어울리지 않습니다.
  * I think I will try it. 그것을 해 볼 생각이다.
    [= I intend to try it. (*NOT* I think to try it.)]
  * I think he will succeed. he가 성공할 것이라고 생각한다.
    [= I expect him to succeed. (*NOT* I think him to succeed.)]

예문14는 절대성이 묽어진, 희석된 현재시제 문장입니다.

14-1] I believe (that) she's here to play tennis.
14-2] I don't expect she's good at tennis.
14-3] I suppose you're right.
14-4] I guess he's still up.
14-5] I feel he cheats on his wife.
14-6] I bet she wants a proposal from me.

14-1] she가 여기에 테니스를 치러 온 것 같아. [14-2] she가 테니스를 잘 치는 것 같지 않아. [14-3] 네가 옳다고 봐. [14-4] he가 아직까지 안 자는 것 같아. [14-5] he가 바람피우는 것 같아. [14-6] she는 분명히 내게 프러포즈를 받고 싶어 해.

14-1] believe가 think보다 어감이 강합니다. believe는 특히, 사실로 여겨지는 다른 사람의 생각을 말할 때 자주 씁니다.
> 예 Some people believe that early education is helpful to kids.
> 어떤 사람들은 조기교육이 아이들에게 도움이 된다고 생각합니다.

14-2] 믿을 만한 근거가 있는 '예상'으로 들립니다.

14-3] 이유나 근거를 가지고 결론까지 내린 '추정'으로 들립니다.

14-4] 이를테면, 불이 켜진 창문을 보고 한 말입니다. 가능성이 없지는 않지만, 꽤나 불확실한 '추측'으로 들립니다.

14-5] 확인된 사실은 없지만, 느낌상 그렇다는 '예감'으로 들립니다.

14-6] 내기해도 될 만큼의 '확신'으로 들립니다. (= I'm sure she wants ...)

14-7] <u>In my opinion</u>, this is much better than that.

14-8] <u>Speaking personally</u>, that's a great idea.

14-9] He <u>often</u> lies.

14-7] 제가 보기에는 이것이 저것보다 훨씬 낫습니다. [14-8] 개인적인 의견이지만 그것 참 멋진 생각입니다. [14-9] he는 종종 거짓말을 합니다.

14-7/8] 주관적인 개인 의견을 나타내는 부사구가 쓰였습니다.

14-9] 현재시제의 절대성을 희석시키는 빈도부사 'often'이 쓰였습니다.

현재시제로 말할 때는 조심해야 합니다. 의미가 절대적인 만큼 자칫 무례하게 들릴 수 있습니다. 해서, 'I think'와 같은 말을 얼마나 자주 쓰는지 모릅니다. 입버릇 같을 정도니, 익숙해질 때까지 의도적으로 자주 써야겠습니다.

여러분

현재시제 개념은 '영원불변'입니다. 동사에 따라, 내가 지금 하는 말은 '변하지 않는다'는 절대적인 의지를 드러냅니다. 딱 잘라 말하듯, 어투가 단정적이고, 그만큼 어감이 딱딱합니다. 이 점을 다르게 생각하면,

동사에 따라, 현재시제의 단정적인 어투는 '단호하고 엄격한' 느낌이 들게도 합니다. 또한, 딱딱한 어감은 경우에 따라 '과단성이 있고 진중하며', '무게가 있고 점잖은' 느낌을 주기도 합니다.

사람이 살다 보면, 단호히/진중히 말해야 할 때가 있습니다. 좋은 예가 '명령'과 '약속'을 할 때입니다. 한번 생각해 보십시오. 명령을 맥없이 해도 될까요? 약속을 실없이 해도 될까요? 아래와 같은 동사는 의미상, 절대성을 지닌 현재시제로 단호히/진중히 말하는 것이 예사입니다.

order 명령하다	demand 요구하다
insist 주장하다	deny 부인하다
agree 동의하다	refuse 거절하다
promise 약속하다	suggest 제안하다
swear 맹세하다	apologize 사과하다
advise 충고하다	appreciate 감사하다

예문15는 단호히/진중히 말한 현재시제 문장입니다.

15-1] <u>I order</u> you to leave the room.
15-2] Let me pay this time. <u>I insist</u>.
15-3] <u>I totally agree</u> with you.
15-4] <u>I advise</u> you to stop smoking.
15-5] <u>I promise</u> (you) (that) I won't tell anyone about this.
15-6] <u>I swear</u> to tell the whole truth.
15-7] <u>I suggest</u> (that) you visit Jeju.
15-8] <u>I deeply apologize</u> for not calling.
15-9] Thanks for your help. <u>I really appreciate</u> it.

15-1] 당신에게 퇴장을 명령합니다. [15-2] 이번엔 내가 살게. 내가 산다니까. [15-3] 당신 의견에 전적으로 동의합니다. [15-4] 당신에게 금연을 권합니다. [15-5] 이 일에 대해 아무에게도 말하지 않겠다고 약속합니다. [15-6] 진실만을 말할 것을 맹세합니다. [15-7] 제주를 한번 방문해 보세요. [15-8] 전화를 못 드린 점 깊이 사과 드립니다. [15-9] 도와주셔서 감사합니다. 정말 감사합니다.

주의! 예문15는 현재진행으로 나타내지 않습니다. * NOT I'm ordering ...

단호하고 진중한 만큼, 현재시제는 격식체[문어]에 잘 어울립니다. 공문처럼 격식을 차리는 문서는 위 예문에 나온 동사가 아니라도 곧잘 현재시제로 나타냅니다.

* I <u>write</u> to inform you that your application has been accepted [rejected]. 귀하의 지원이 합격[불합격]되었음을 (서면으로) 알려드립니다.

현재시제 ②

- ✓ 지속적인 현상태
    - Brr! I'm cold.

- ✓ 속성/성질 · 특성/습성
    - Ice floats on water.

- ✓ 정의/설명 · 규정/지정
    - Dogs are animals.

- ✓ 공식적인 예정
    - The film begins at eight this evening.

- ✓ 현재시제와 시간과 조건의 부사절
    - I'll call you again when I get home.
      If we don't hurry, we'll be late.

- ✓ 조건 부사절과 조동사
    - I will be glad if you will stay with me.

- ✓ 절대적인 의지
    - I go to England to study next year.

- ✓ 절대성이 희석된 현재시제
    - I don't believe (that) she's good at tennis.

- ✓ 단호한/진중한 현재시제
    - I order you to leave the room.

누군가 갑작스레 필자에게 현재시제가 무엇이냐고 물으면 머뭇머뭇할 것입니다. 일장 연설을 할 수도 없고, 속을 뒤집어 보여줄 수도 없고, 현재시제를 감각적으로 알고 있어 그렇습니다.

  말은 말을 해야, 즉 영어도 연습을 해야 익숙해지고 실력이 늡니다. 문제는 '어떤 연습을 하느냐'입니다. 다시 말해, '지식적인 연습을 하느냐, 감각적인 연습을 하느냐'입니다.

  지식적인 연습은 암기로 집어넣고, 기억으로 꺼내는 일입니다. 단순 반복이라 지루하고, 인내심을 요구하고, 적잖이 스트레스를 받습니다. 길어야 서너 달, 기초회화만 하다가 끝나기 일쑤입니다.

  감각적인 연습은 일련의 인지 과정을 통해 '감각적으로 반응하고 받아들이는' 일입니다. 재미있고, 시간 가는 줄 모르고, 눈에 띄게 실력이 늡니다. 지칠 줄 모르고, 계속해서 하고 싶어집니다.

  '현재시제' 하면 그냥 느껴지는 것, 이것이 진짜 실력입니다.

  이유를 알아야 문법이 인식되고, 인식되어야 감각이 생깁니다. 문법은 '인식의 문제'고, 영어는 '감각의 문제'입니다. 보다 많이 인식하고, 감각을 끌어올리십시오. 방법은 하나, "왜, 왜, 왜?"라고 주문을 외면 됩니다.

Zoom in Grammar

"시제"란?
Tense

- I (usually) **walk[run]** to school.
  - (보통) 걸어서[뛰어서] 학교 가.
  - walk[run]: 현재형, 현재시제

- I **walked[ran]** to school (yesterday).
  - (어제) 걸어서[뛰어서] 학교 갔어.
  - walked[ran]: 과거형, 과거시제

현재시제 문장을 과거시제 문장으로 시제를 바꾸면, 위와 같이 'walk[run]'에서 'walked[ran]'으로 – '현재형'에서 '과거형'으로 – 동사만 변합니다. 동사만 변하니, 이는 '동사로' 나타나는 문법이 시제라는 의미입니다.

> 시제

과학자가 말하길, 약 45억 년 전에 지구가 생겨났다고 합니다. 45억 년이라니, 백 년도 채 못 사는 인간에게는 그저 아득할 따름입니다. 하지만 45억 년이라도, 이것에 비하면 순간의 순간에 지나지 않습니다. 이것은 인간이 생각할 수 있는, 가장 큰 시공간인 '우주'입니다.

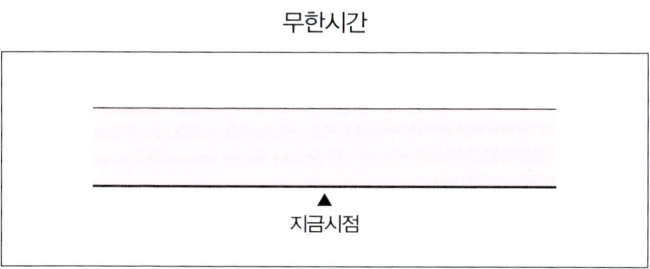

우주는 시간적으로 '무한시간 time'입니다. 위 그림이 보여 주듯이, 과거와 미래 양쪽으로 시간이 무한히 펼쳐져 있습니다. 무한시간은 말 그대로 한계가 없는 시간입니다.

무한시간에서는 45억 년, 아니 45억 광년이라도 찰나의 찰나에 지나지 않습니다. 제 아무리 긴 시간이 흘러도 표가 나지 않습니다. 시간의 흐름이 무의미합니다. 다만 시간이 존재할 뿐입니다.

그런데 인간이 무한시간을 아래와 같이 한계가 있는 '유한시간 the time'으로 시간을 제한했습니다. (time → the time)

어디서부터 어디까지는 '현재'라 하자.
어디서부터 어디까지는 '과거'라 하자.
어디서부터 어디까지는 '미래'라 하자.

현재와 과거와 미래는 시간이 제한된 유한시간이고, 유한시간에서 비롯된 문법이 시제입니다. '시'와 '제', 두 글자가 또렷이 보여주듯이, 시제 말뜻은 '시간의 제한'입니다. 참고로, 아래는 시제의 문법적 정의입니다.

"**시제** 時制·Tense·때매김"란 동사의 어형을 바꿔 – 동사에 '시제를 나타내는 문법형태'를 결합시켜 – 사건이나 상태의 '시간적 위치'를 나타내는 동사문법입니다.

[시제의 뜻풀이가 '시간의 제한'이므로, '현재라는 시제는 어떻게 시간이 제한되었을까?' 이렇게 현재시제에 접근해야 하지 않을까요? 현재시제의 영역부터 알고, 개념을 잡고, 예문으로 익히고!]

문법은 형태가 있어야 하고, 그것이 문법 범주에 속해야 합니다. 말인즉, 시제는 '-(e)d'와 같은, 시제를 나타내는 '문법형태'가 나타냅니다. (문법을 나타내는 형태를 "문법형태"라고 합니다.) 구체적으로 동사[walk]에 첨가되는 '첨가형태[-(e)d]'나 동사[run]에 융합되는 '굴절형태[ran]'가 시제를 나타냅니다.

주의! 시제라는 문법은 '동사로' 나타나는 것이지, 동사 자체가 나타내는 것이 아닙니다. 문법인 시제는 '-(e)d'와 같은, 시제 문법형태가 동사에 결합해 – 첨가되거나 융합해 – 동사로 나타나는 것입니다.

주의! 'now · at ten o'clock, yesterday · three weeks ago, tomorrow · next year'와 같은 시간 부사(구)는 '어휘 범주'에 속하므로, 시간 부사(구)가 나타내는 것은 시간이지 시제가 아닙니다. 역으로, 시간 자체는 시제가 나타내는 것이 아니라, 전적으로 시간 부사(구)가 나타냅니다.

품사로 말하면, 시제는 동사로 나타납니다. 그럼 어떤 시제가 동사로 나타날까요? 바로, '현재시제'와 '과거시제'입니다. 그럼 '미래시제'는? '조동사'로, 'will'로 대답하기 쉽습니다.

> 시제의 종류
> └ 현재시제 The Present Tense
> └ 과거시제 The Past Tense

시제는 동사의 어형 변화와 관련된, 동사에 한한 문법입니다. 국어도 영어도, 시제에는 현재시제와 과거시제만 있습니다. 미래 시간은 있어도, '미래시제'라는 문법은 없습니다. 이렇다고 여기서 못 박아 두겠습니다. 쾅쾅쾅!

> will은 '예측 · 의지' 등을 나타내는 '서법 조동사 Modal Verb'로 서법과 관련된 품사지, 시제와 관련된 품사가 아닙니다. 서법은 시제와 문법 범주가 엄연히 다른 별개의 문법입니다.
> ※ 서법 조동사 'will'은 **생각문법 ❷** 〈서법〉 첫머리에서 다룹니다.

─| 무엇이 현재시제를 나타낼까?

국어는 '-었-'이 과거시제를 나타냅니다. (철수는 어제 영희와 공원을 걸었다.) 아래는 현재시제 문장입니다. 무엇이 현재시제를 나타낼까요?

- 철수는 종종 영희와 공원을 <u>걷는다</u>.

'는다'로 대답하기 쉽습니다. '-는다'(또는 '-ㄴ다')는 문장의 끝을 맺는 '서법 형태'로 '평서문 평서술문'이라는 서법 정보를 알립니다. 이뿐입니다. '-는다'에는 시제 정보가 없습니다.

영어는 '-(e)d'가 과거시제를 나타냅니다. (He walk<u>ed</u> ...) 아래는 현재시제 문장입니다. 무엇이 현재시제를 나타낼까요?

- He walk<u>s</u> ... [3인칭 단수 주어]

's'로 대답하기 쉽습니다. '-s' 또는 '-es'는 (이하 's') 현재시제 문장의 주어가 3인칭 단수일 때만 동사에 붙는, '3인칭 단수 주어 [He]'와 관련된 형태입니다. 그런데 문제는 s가 현재시제에 한해 동사에 붙다 보니, 대부분 사람이 s를 현재시제 문법형태로 여긴다는 것입니다.

s가 현재시제를 나타낸다? 그럼 동사에 s가 안 붙는 '1인칭·2인칭 주어'와 '복수 주어'는?

- I/You · We/You/They walk ... [1인칭/2인칭 단수 주어 · 복수 주어]

s가 현재시제 문법형태면, (동사에 s가 안 붙는) 위 예문은 무엇을 보고 현재시제인 줄 알죠? s가 안 붙어도 현재시제다? s가 안 붙어서 현재시제다? 이것이 문법? 설명이 안 되면 곧잘 예외라는데 예외의 뜻을 안다면, 진짜 예외는 3인칭 단수 주어가 아닐까요?

['1인칭 · 2인칭 · 3인칭'과 '단수 · 복수'를 조합하면, 경우의 수는 여섯입니다. 여섯 경우 중에 한 경우가 예외라고 말할 수는 있어도, 여섯 경우 중에 다섯 경우가 예외라고 말할 수는 없습니다. 주어가 3인칭 단수일 때만 동사에 s가 붙으니, 이 한 경우가 예외입니다. 예외인 한 경우가 나머지 다섯 경우의 기준이 될 수는 없습니다.]

s가 현재시제에 한해 동사에 붙는다는 말은 곧 현재시제가 3인칭 단수 주어의 제약이며, s가 동사에 붙는 조건이라는 뜻입니다. 제약과 조건은 외적인 요인입니다. s가 나타내는 것이 아닙니다.

s가 현재시제 문법형태로 인정되려면, [과거시제 문법형태 '-(e)d'처럼] '인칭과 수에 상관없이' 두루두루 s가 동사에 붙어야 합니다. 이래저래 아니니, 앞으로 s를 현재시제 문법형태로 여기지 말아야겠습니다.

> 특정한 문법은 '특정한 사고의 반영'입니다. 영미인은 현재시제 문장의 주어가 3인칭 단수일 때만 동사에 s를 붙입니다. 이는 영미인이 우리와 다른 관점으로 3인칭 단수 주어를 보고, 그러한 3인칭 단수 주어를 내재적으로 의식하고 있다는 의미입니다. 이 점은 명사편 〈인칭대명사〉에서 다시 언급하겠습니다.

> 문법형태 'Ø'

걷 + Ø + 는다
He walk + Ø + s, I/You · We/You/They walk + Ø

국어도 영어도, 현재시제 문법형태는 눈에 보이지 않습니다. 다름 아닌, 'Ø 무표'입니다. 위와 같이, [과거시제 문법형태 '-(e)d'처럼] '모든 인칭과 수에 예외 없이' 무표가 현재시제를 나타냅니다. 몹시 궁금해집니다, 현재시제 문법형태가 왜 무표인지.

[현재시제 문법형태는 눈에 안 보이는 '무표'입니다. 3인칭 단수라는 나름의 문법적인 이유로, 주어가 3인칭 단수일 때만 예외적으로 동사에 s를 붙입니다. 동사에 s가 안 붙는 다섯 경우를 기준으로 삼고, 동사에 s가 붙는 한 경우는 예외로 봅니다.]

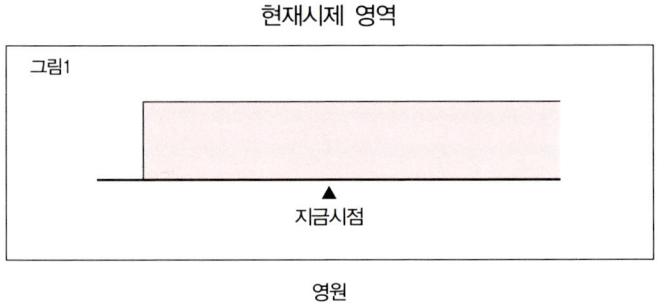

영원을 나타내는 그림1, 현재시제는 시간을 초월한 '초시간적인 timeless' 시제입니다.

삼라만상이 존재하기 시작한 시작점을 지녀 과거가 닫혔을 뿐 초월성을 지닌 현재시제는 무한시간과 다를 바 없습니다. 현재시제는 '무한시제'입니다. 무한시제는 시간을 제한할 수 없습니다. 시제가 없는 것이나 다름없습니다. '시제가 없음', 요컨대, 현재시제는 '무시제'인 것입니다. 무시제니 표시할 유형의 문법형태가 없는 것입니다. 아니, 필요 없는 것입니다.

> **생각 더하기** 4. 무한의 '0'과 'Ø'
>
> 수학 이야기를 하나 하겠습니다.
>
> '1, 2, 3, 4, 5, 6, 7, 8, 9', '0'
>
> 열 개의 숫자 가운데 아주 뒤늦게 표시하게 된 숫자가 바로, '0'입니다. (인간은 1~9를 표시한 지 수천 년이 지나서야 0을 표시합니다.) 없는데 있는 숫자인 0을 "신의 숫자"라고도 합니다. 그도 그럴 것이, 1 뒤에 0을 이어 붙이기만 하면 (10^n 자리 수 개념을 만들어 10^n으로) 아무리 큰 수라도 나타낼 수 있습니다. 0을 표시하게 된 그때부터, 인간은 무한의 수를 나타낼 수 있게 되었습니다.
>
> 현재시제는 영원이고, 영원은 무한입니다. 이를 Ø로 표시합니다. 흥미롭습니다. 수학은 0으로, 문법은 Ø로 무한을 표시하니 말입니다. 그러고 보니, 무한을 표시할 수 있는 방법은 '무(無)'밖에 없는 듯합니다.

[문법에서는 무표도 문법형태입니다. 좋은 예가 '관사의 종류'입니다. 관사의 종류는 두 가지가 아닙니다. 세 가지입니다. 부정관사 'a'와 정관사 'the'가 있고, 무표인 '무관사'가 있습니다. 무표를 문법행태로 인식해야겠습니다.]

영원불변의 '영속적인/항구적인 시제', 존재상태인 '존재시제' 반드시 일어나는 '절대시제', 시간을 초월한 '초시간적인 시제' 시간을 제한할 수 없는 '무한시제', 유형의 문법형태가 필요 없는 '무시제', 이것이 우리가 알게 된 현재시제입니다. 이러한 시제가 현재시제였다니, 기존 문법에 경종을 울립니다.

결코 시시하거나 만만치 않은, 숙연해질 정도로 거대한 시제가 현재시제입니다. 그런데 보통 문법책은 무슨 배짱인지 현재시제를 한두 페이지로 끝냅니다. 문법 위주로 배워 영어를 못한다는 말이 변명으로 들릴 따름입니다.

여러분

우주가 현재시제고, 삼라만상이 현재시제고, 우리 인생이 현재시제입니다. '현재시제, The Present Tense', 신이 유한적 존재인 인간에게 안겨 준 'a present, 선물'입니다.

영작을 해보면
문법이 내 것이 되었는지 확인할 수 있습니다.
Unit마다 나오는 영작을 통해
해당 문법을 확실히 내 것으로 만드시길 바랍니다.

1-1]   철수는 서울에 삽니다.

....

1-2]   한국대학에 다닙니다.

....

1-3]   매우 열심히 공부합니다.

....

1-4]   패스트푸드점에서 일합니다.

....

1-5]   저녁 6시에 일을 시작합니다.

....

1-6]   "아버지께서는 뭐 하시는 분이니?"

....

1-7]   "고등학교에서 수학 가르치셔. 너의 아버지께서는?"

....

1-8]   "비행기 조종하셔. 형제자매가 있니?"

....

1-9]   "응, 누나 있어. 소설 써."

....

2-1] 해는 동쪽에서 떠서 서쪽으로 진다.

．．

2-2] 물은 수소와 산소로 이루어졌다.

．．

2-3] 빛은 소리보다 빠르다.

．．

2-4] 우리는 모두 숨 쉬고 먹고 마신다.

．．

2-5] 사람은 죽기 마련이다.

．．

2-6] 역사는 반복된다.

．．

2-7] 1년은 열두 달이다.

．．

2-8] 3의 4승은 81이다.

．．

2-9] 하늘은 스스로 돕는 자를 돕는다.

．．

3-1]   한강은 서해로 흘러들어 간다.

3-2]   한국은 영어가 공용어가 아닌 외국어다.

3-3]   호주의 수도는 어디입니까?

3-4]   프랑스는 와인으로 유명하다.

3-5]   유리는 모래로 만든다.

3-6]   일식은 달이 태양 앞을 지날 때 생긴다.

3-7]   모든 사람은 행복과 건강을 바란다.

3-8]   다리를 놓는 데 많은 비용이 든다.

3-9]   부주의한 운전은 자동차 사고의 원인이 된다.

4-1] 철수는 항상 청바지를 입습니다.

....

4-2] 저를 볼 때마다 거의 언제나 미소를 짓습니다.

....

4-3] 보통 말이죠, 하루에 반 갑 정도 담배를 피웁니다.

....

4-4] 저와 함께 꽤 자주 도서관에 갑니다.

....

4-5] 종종 저를 '희야'로 부릅니다.

....

4-6] 저에게 문자 메시지를 보냅니다. 가끔씩.

....

4-7] 이따금 집까지 바래다줍니다.

....

4-8] 맥주를 거의 마시지 않습니다.

....

4-9] 패스트푸드를 전혀 입에 대지 않습니다.

....

4-10] 저는 한 번씩 영희와 영화를 보러 갑니다.

....

4-11] 때때로 영희와 말다툼합니다.

....

4-12] 하루에 두 번 이상 영희에게 전화를 합니다.

....

4-13] 일주일에 몇 번이고 영희와 만납니다.

....

4-14] 영희가 늘 보고 싶습니다.

....

5-1] "일요일에 주로 뭐 하니?"

....

"간혹 외출하는데, 주로 집에서 책이나 TV 봐."

....

5-2] "도서관에 자주 가니?"

....

"응, 거의 매일 가."

....

5-3] "극장은 얼마나 자주 가니?"

"한 달에 두세 번 가."

5-4] "외식은 일주일에 몇 번 하니?" "한두 번 해."

5-5] "하루에 몇 시간 영어 공부하니?" "못해도 두 시간은 해."

5-6] "보통 몇 시에 집에 들어가니?" "열 시쯤에."

5-7] "학교에 주로 뭐 타고 가니?"

"지하철 타. 가끔 택시 타기도 하고."

5-8] "학교에 늦니?" "응, 대개 늦어."

5-9] "아침 안 먹니?" "응, 거의 안 먹어."

6-1] 올림픽은 4년마다 열린다.

　　　　　………………………………………………………………

6-2] 월드컵은 4년 간격으로 다른 나라에서 개최된다.

　　　　　………………………………………………………………

6-3] "버스가 얼마나 자주 다니나요?" "30분마다 다녀요."

　　　　　………………………………………………………………

6-4] 우리 가게는 매월 첫째 주 금요일에 쉽니다.

　　　　　………………………………………………………………

6-5] 우리 아들은 일요일만 되면 등산을 갑니다.

　　　　　………………………………………………………………

6-6] he는 격일로 여기에 온다.

　　　　　………………………………………………………………

6-7] 격주로 금요일에 3일간 시장이 열린다.

　　　　　………………………………………………………………

6-8] 월급을 받나요, 주급을 받나요?

　　　　　………………………………………………………………

6-9] 서울발 제주행 항공편은 매시간 출발한다.

　　　　　………………………………………………………………

현재시제

7-1]   아으, 추워.

　　　　―――――――――――――――――――――――――――

7-2]   다른 행성에도 생명체가 존재할까요?

　　　　―――――――――――――――――――――――――――

7-3]   한국은 어떤 핵무기도 보유하고 있지 않습니다.

　　　　―――――――――――――――――――――――――――

7-4]   어느 클럽에 속해 있나요?

　　　　―――――――――――――――――――――――――――

7-5]   아이가 엄마를 많이 닮았네요.

　　　　―――――――――――――――――――――――――――

7-6]   무슨 말인지 알겠어.

　　　　―――――――――――――――――――――――――――

7-7]   너 결혼한다며.

　　　　―――――――――――――――――――――――――――

7-8]   "엘라가 어떻게 생겼니?" "금발에다 파란 눈이야."

　　　　―――――――――――――――――――――――――――

7-9]   흥미롭게 들리지 않니?

　　　　―――――――――――――――――――――――――――

7-10]　내가 보기에 그건 네 잘못이 아닌 것 같아.

　　　　..

7-11]　네가 행복했으면 좋겠어.

　　　　..

7-12]　저녁으로 뭘 먹을래?

　　　　..

7-13]　전혀 놀랄 만한 일이 아닌데요.

　　　　..

7-14]　한국을 어떻게 생각하십니까?

　　　　..

7-15]　귀신이 있다고 믿습니까?

　　　　..

7-16]　그 사람이 누군지는 알지만, 어떤 사람인지는 모릅니다.

　　　　..

7-17]　네가 무슨 말을 하는지 모르겠어.

　　　　..

7-18]　이 메시지는 무슨 뜻이야?

　　　　..

8-1]　얼음은 물에 뜬다.

....

8-2]　벌은 꿀을 만든다.

....

8-3]　겨울이 오면, 제비는 남쪽으로 이동한다.

....

8-4]　인간은 직립보행을 한다.

....

8-5]　선인장은 가시로 덮여 있다.

....

8-6]　벼는 한랭 기후에서 자라지 않는다.

....

8-7]　he는 햄버거를 먹지 않아요.

....

8-8]　he는 땅콩 알레르기가 있어요.

....

8-9]　she는 친절하고 사교적인 사람이에요.

....

9-1] 개는 동물이다.

....

9-2] 이 사진 속의 동물은 "코알라"다.

....

9-3] 행복이 불어로 뭐예요?

....

9-4] 거짓말쟁이는 사실을 말하지 않는 사람이다.

....

9-5] 동사는 come이나 be와 같은, 동작이나 상태를 뜻하는 단어다.

....

9-6] 정사각형의 네 변의 길이는 같다.

....

9-7] 어버이날은 5월 8일이다.

....

9-8] 무엇을 만드는 회사니?

....

9-9] "베티야, 고향이 어디니?" "시드니야."

....

현재시제

10-1] 영화는 오늘 저녁 8시에 시작한다.

10-2] 새 학기는 3월 2일에 시작한다.

10-3] KTX는 언제 부산에 도착합니까?

10-4] 다음 달 초에 서울 모터쇼가 개최된다.

10-5] 누리호가 이틀 후에 우주로 발사된다.

10-6] 애들은 3월 2일에 개학해요.

10-7] 다음 주 월요일부터 나흘간 기말시험이 있어.

10-8] 몇 시에 퇴근하니?

10-9] 다음 주 월요일에 총리가 중국을 방문한다.

11-1]　집에 도착하면 다시 전화할게.

....

11-2]　커서 무엇이 되고 싶니?

....

11-3]　봄이 오면 꽃이 핀다네.

....

11-4]　신호하면 불을 켜.

....

11-5]　방학 동안 영어 공부하려고 해.

....

11-6]　하루 쉬면 나아질 거야.

....

11-7]　결정하기 전에 그것을 신중히 생각해.

....

11-8]　네가 돌아올 때까지 기다릴게.

....

11-9]　그것을 끝내자마자 갈게.

....

11-10] 서두르지 않으면 우린 늦을 거야.

　　　　　………………………………………………………………

11-11] 누구한테든 전화 오면, 나 여기 없다고 해라.

　　　　　………………………………………………………………

11-12] 실패하면 어쩌려고?

　　　　　………………………………………………………………

11-13] 책을 반납하지 않으면 연체료를 물게 될 거야.

　　　　　………………………………………………………………

11-14] 있고 싶으면 있어도 돼.

　　　　　………………………………………………………………

11-15] 더 열심히 공부하지 않으면 이번 시험에 떨어질 것이다.

　　　　　………………………………………………………………

11-16] 한번 떠나면 돌아올 수 없다.

　　　　　………………………………………………………………

11-17] 내가 늦으면 나 없이 시작해라.

　　　　　………………………………………………………………

11-18] 조용히만 하면 여기 있어도 좋다.

　　　　　………………………………………………………………

12-1] 저와 함께 있어 주시면 고맙겠습니다.

....

12-2] 저와 함께 있어 주신다면 감사하겠습니다.

....

12-3] 도와주시면 고맙겠습니다.

....

12-4] 도와주신다면 감사하겠습니다.

....

12-5] 돈을 빌려 주시면 고맙겠습니다.

....

12-6] 돈을 빌려 주신다면 감사하겠습니다.

....

12-7] 잠시만 기다려 주신다면, 제가 가서 알아보겠습니다.

....

12-8] TV를 꺼도 괜찮겠어요?

....

12-9] 이 컴퓨터를 좀 써도 될까요?

....

13-1]   올해는 영국으로 유학 간다.

   ....

13-2]   나 너 기다린다.

   ....

13-3]   내가 그 인간 죽여 버리고 만다.

   ....

13-4]   4월 3일 오픈

   ....

13-5]   저 가게는 신선한 야채를 판다.

   ....

13-6]   이 복사기는 작동이 잘된다.

   ....

13-7]   우리 아들은 돌아온다.

   ....

13-8]   우리 팀이 두 골 차로 이긴다.

   ....

13-9]   너는 시험에 합격한다.

   ....

14-1]   she가 여기에 테니스를 치러 온 것 같아.

        ....

14-2]   she가 테니스를 잘 치는 것 같지 않아.

        ....

14-3]   네 말이 옳다고 봐.

        ....

14-4]   he가 아직까지 안 자는 것 같아.

        ....

14-5]   he가 바람피우는 것 같아.

        ....

14-6]   she는 분명히 내게 프러포즈를 받고 싶어 해.

        ....

14-7]   제가 보기에는 이것이 저것보다 훨씬 낫습니다.

        ....

14-8]   개인적인 의견이지만, 그것 참 멋진 생각입니다.

        ....

14-9]   he는 종종 거짓말을 합니다.

        ....

15-1] 당신에게 퇴장을 명령합니다.

....

15-2] 이번엔 내가 살게. 내가 산다니까.

....

15-3] 당신 의견에 전적으로 동의합니다.

....

15-4] 당신에게 금연을 권합니다.

....

15-5] 이 일에 대해 아무에게도 말하지 않겠다고 약속합니다.

....

15-6] 진실만을 말할 것을 맹세합니다.

....

15-7] 제주를 한번 방문해 보세요.

....

15-8] 전화를 못 드린 점 깊이 사과드립니다.

....

15-9] 도와주셔서 감사합니다. 정말 감사합니다.

....

Unit 2

과거시제
The Past Tense

　현재시제는 지금뿐 아니라 과거와 미래까지 포함합니다. 현재 시각과 일치하지 않고, 게다가 일상 언어생활에서 말하는 현재와 인식적 차이가 납니다. 이런 까닭에 현재시제가 처음에는 낯설고 다소 어렵습니다. 그럼 과거시제는 어떨까요?

> 과거시제의 영역과 개념

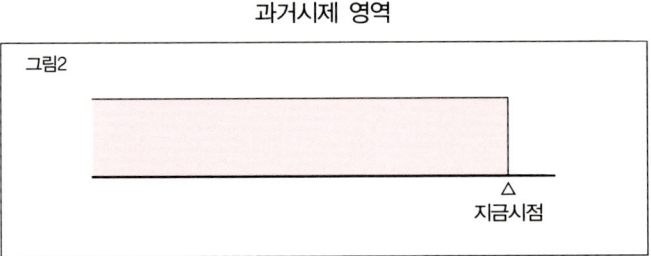

그림2가 보여 주듯이, 과거시제 영역은 '지금시점 미만[△]'입니다. 미만이니 지금시점을 포함하지 않고, 오롯이 과거만 포함합니다.

과거시제는 '과거에 한[일어난] 일'을 나타냅니다. 이것으로 과거시제는 끝난 것이나 다름없습니다.

과거시제는 일상 언어생활에서 말하는 과거와 인식적 차이가 나지 않습니다. 이런 까닭에, 과거시제는 현재시제에 비해 훨씬 쉽고, 깊이 생각할 만한 개념도 없습니다. 다만, 두 가지만 주의하면 됩니다.

과거는 지난 일인 '과거사'입니다.

첫 번째 주의! 과거시제의 과거사는 지금과 연관을 지으면 안 됩니다.

① I have fixed the bike. [현재완료]

[①은 '현재시제 완료상' 문장입니다. 자전거를 고쳤고, 결과적으로 '지금은 자전거가 잘 간다.'라는 말입니다. 과거에 고쳤다보다 '지금은 잘 간다'를 - 과거 사실보다 현상태를 - 말하고 싶은 문장입니다. 이렇듯 현재완료는 과거사가 지금과 연관이 있고 중점이 현상태에 있습니다. 한마디로, '지금 어떻다'입니다.]

② I fixed the bike two days ago. [과거시제]

②는 과거시제 문장입니다. 이 또한 '자전거를 고쳤다.'라는 말입니다. 그럼 지금은 자전거가 잘 갈까요? 이러한 생각 자체를 아예 하지 말라는 것입니다. ②는 이틀 전에 자전거를 고친 과거 사실만 말할 뿐, 지금 자전거가 잘 가는지는 알 수 없습니다. "그런데 또 고장 났다."라는 말이 얼마든지 이어질 수 있습니다.

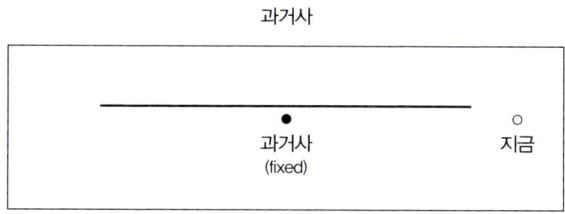

지금과의 단절성: 지금과 연관이 없는 지난 일

과거시제는 '단절성'을 지닙니다. 과거시제의 과거사는 단지 과거사일 뿐, 지금과 연관이 없습니다. 단순히 '지난 일'로만 생각하고, 철저히 지금과 연관을 짓지 말아야겠습니다.

과거는 지난 때인 '과거시점'입니다.

두 번째 주의! 과거시제 문장에는 'yesterday'와 같은, 과거시점을 나타내는 말이 있어야 합니다.

③ We <u>could</u> see the island <u>yesterday</u>. [과거 가능]
  우리는 어제 (날씨가 맑아) 그 섬을 볼 수 있었어.
  - could: 과거형 '시제' 조동사 / yesterday: 과거시점
    (see: 동사원형, could가 이미 시제를 나타내서)

③에는 'yesterday'가 있습니다. 과거시점을 나타내는 말이 있으니, ③은 틀림없는 과거시제 문장입니다. (이때의 could는 과거시제를 나타내는 과거형 '시제' 조동사입니다.) 반면에,

④ We <u>could</u> see the island. [불확실함]
  잘하면 그 섬을 볼 수도 있을 거야.
  - could: 과거형 '서법' 조동사 (see: 동사원형, 무시제 문장이라서)

④에는 'yesterday'와 같은 말이 없습니다. 과거시점을 나타내는 말이 없으니, 해석이 확 달라집니다. 예상외로, ④는 과거시제 문장이 아닙니다. (후술하겠지만, 이때의 could는 불확실함을 나타내는 과거형 '서법' 조동사입니다. 뜻밖에도, ④는 과거와 아무 상관 없는 '무시제' 문장입니다.)

> **생각 더하기** 5. 과거시제와 과거시점
>
> 우리는 과거를 '한때'로 여깁니다. 한때는 시제에서 점의 시간인 '시점'입니다. 학창시절 십여 년도, 조선왕조 오백 년도, 심지어 쥐라기시대 수천만 년도, 시간이 길든 짧든 과거 한때의 시점입니다.
>
> **주의!** 현재시제 기준시는 지금시점이고, 과거시제 기준시는 과거시점입니다. 우리는 지금 살고 있고, 말을 이 순간에 합니다. 따라서 현재시제의 지금시점은 명시하지 않아도 됩니다. 하지만 같은 이유로, 과거시제의 과거시점은 명시해야 합니다.

과거의 의미
  └ 과거사
  └ 과거시점

문법에서 과거는 지난 일인 '과거사'와 지난 때인 '과거시점'을 의미합니다. 요컨대, 과거시제 문장은 '과거사+과거시점'입니다. 과거사와 과거시점은 구분할 필요가 있습니다.

과거사는 ('walked · ran'과 같은) '**과거동사**'로 나타내고, 과거시점은 ('yesterday [부사] · two months ago [부사구] · when I lived in Busan. [부사절]'과 같은) '**과거 시간 부사어**'로 나타냅니다. ('부사, 부사구, 부사절' 이 셋을 하나로 묶어 "부사어"라고 합니다.)

예문16은 과거시간 부사어와 함께, 과거사를 나타낸 과거시제 문장입니다.

16-1] "When <u>did</u> it <u>start</u> raining?"
"It <u>started</u> raining two hours ago."
16-2] I <u>sent</u> the birthday party invitations last week.
16-3] Yesterday <u>was</u> my birthday. It <u>rained</u> all day long.
16-4] "<u>Did</u> Yeonghui <u>come</u> to the party last night?"
"No, she <u>didn't</u>. She <u>went</u> backpacking in Australia with Betty."
16-5] <u>Did</u> you <u>enjoy</u> the party?

16-1] "언제 비가 내리기 시작했나요?" "두 시간 전에요." [16-2] 지난주에 생일 파티 초대장을 보냈다. [16-3] 어제는 내 생일이었다. 온종일 비가 왔다. [16-4] "어젯밤 파티에 영희 왔니?" "아니, 안 왔어. 베티랑 호주로 배낭여행 갔어." [16-5] 파티는 즐겁게 보냈니?

16-6] "Where were you <u>at ten o'clock last Sunday</u>?"
"I was at home."
16-7] "Are you sure? I called you <u>at that time</u>."
"I went to bed early."

16-6] "지난 일요일 저녁 10시에 어디 있었니?" "집에 있었어." [16-7] "확실해? 그때 너한테 전화했는데." "일찍 잤어."

16-6/7] 밑줄 친 말: 과거시점을 나타내는 시간 부사구

과거시제는 특히, '지난 일을 돌이켜 생각할 때' 씁니다. 앨범에서 사진을 꺼내 보듯 회상하십시오.

16-8] When I <u>lived</u> in the country, there <u>was</u> a river not far from my house. I often <u>swam</u> and <u>fished</u> in the river. But the happy days <u>did</u>n't <u>last</u> very long. I <u>moved</u> to Seoul when I <u>was</u> in middle school.

16-8] 시골에 살았을 때, 집에서 멀지 않은 곳에 강이 있었어. 강에서 종종 수영도 하고 낚시도 했지. 하지만 행복한 나날은 그리 오래 가지 않았어. 중학교 때 서울로 이사 왔거든.

16-8] 'When I lived[was] ...': 과거시점을 나타내는 시간 부사절
 예 I woke up when the alarm clock went off. 자명종이 울리자 잠에서 깼다.

또한, '역사적 사실을 말할 때' 씁니다.

16-9] Ludwig van Beethoven <u>was</u> a composer of classical music. He <u>was</u> born in Bonn, Germany on December 17th 1770. He <u>began</u> public performances at the age of 6 and <u>composed</u> nine symphonies throughout his life. He <u>suffered</u> from hearing loss. He <u>died</u> in 1827 at age 57.

16-9] 루드비히 반 베토벤은 고전음악 작곡가였다. 1770년 12월 17일 독일의 본에서 태어났다. 6살에 대중 공연을 시작했고, 일생 동안 9개의 교향곡을 작곡했다. 청각 상실로 고생했다. 1827년 57세의 나이로 세상을 떠났다.

〉 before vs. ago

과거시제와 관련해 'before'와 'ago'를 살펴보겠습니다.

[전치사와 부사의 구별: 전치사는 명사 '앞에(前) 둔다(置)'하여 지어진 이름입니다. 이름대로, 전치사는 바로 뒤에 명사어가 있습니다. 반면에, 부사는 바로 뒤에 명사어가 없습니다. (명사 앞에 두어 전치사니, 전치사는 항상 '전치사+명사어'입니다. 명사어와 불가분의 관계! '명사, 명사구, 명사절' 이 셋을 하나로 묶어 "명사어"라고 합니다. 명사어에 속하는 품사로는 명사를 비롯해 대명사와 동명사가 있습니다.)]

■ before

① I arrived thirty minutes <u>before</u>. [부사]
② I arrived <u>before</u> two o'clock. [전치사]

[①은 바로 뒤에 명사어가 없으므로, 이때의 before는 부사입니다. ②는 바로 뒤에 '명사어[two o'clock]'가 있으므로, 이때의 before는 전치사입니다.]

부사로 쓰인 before는 앞말을 설명하는 '설명어'입니다. 말인즉, 30분이 어떤 30분인지, '전'인지 '후'인지, 30분에 관해 설명합니다. ①은 '30분 전에' 도착했다는 말로, 30분이 '전'인 30분이라고, 'thirty minutes'를 before가 설명하고 있습니다.

전치사로 쓰인 before는 '그 이전 before then'이나 '그 보다 먼저 earlier than that'를 가리킵니다. '기준이 과거'로, (two o'clock과 같은) 과거시점이 before 다음에 기준으로 옵니다. ②는 과거 어떤 2시를 기준으로 '그 2시가 되기 전에' 도착했다는 말입니다.

①과 ②를 더하면 ③이 됩니다.

③ I arrived <u>thirty minutes before two o'clock</u>.

③은 '과거 어떤 2시를 기준으로 [before two o'clock]', '그 2시가 되기 30분 전에 [thirty minutes before]' (1시 30분에) 도착했다는 말입니다. 확실히 하면,

- I arrived <u>the day before yesterday</u>.

'어제 기준으로 [before yesterday]', '하루 전날이니 [the day before]' '그저께' 도착했다는 말입니다. (= two days ago 이틀 전에, 그저께)

주의! '(five minutes) before thirty minutes'는 '과거 어떤 30분을 기준으로 그 30분이 되기 (5분) 전에'라는 뜻으로, 쓰면 쓸 수 있는 말입니다.

before 다음에는 기준으로 과거시점만 오지 않습니다. '과거사건 past events'을 뜻하는 말도 잘 옵니다.

④-a He arrived before <u>me</u>.
  b He arrived thirty minutes before <u>the game</u>.

'me'와 'the game'은 각각 'I arrived'와 'the game started' 라는 과거사건을 뜻합니다. a는 (나의 도착을 기준으로) '내가 도착하기 전에 (나보다 먼저) he가 도착했다.'라는 말'이고, b는 (게임 시작을 기준으로) '게임이 시작되기 30분 전에 he가 도착했다.'라는 말입니다.

과거시제

④-c He arrived thirty minutes before <u>she left</u>.

c는 before 다음에 '주어[she] + 서술어[left]'의 형식을 갖춘 절이 왔습니다. 'she가 떠나기 30분 전에 he가 도착했다.'라는 말입니다. (절이 왔으므로, 이때의 before는 '접속사'입니다. 'before she left'는 '시간 부사절'입니다.)

주의! 'He arrived thirty minutes before.'는 before 다음에 기준으로 오는 과거시점이나 과거사건이 생략된 경우입니다. (상대방이 알고 있거나 상황이나 문맥으로 알 수 있으면, 과거시점이나 과거사건은 생략할 수 있습니다.)

주의! 부사와 부사가 결합한 'before long 오래지 않아'은 한 단어처럼 쓰이는 부사구입니다.

부사 'before'는 현재완료 문장에서 '막연한, 지금 이전 어떤 때에 at any time before now'의 뜻으로 쓰입니다. 또한, 과거완료 문장에서 '막연한, 그때 이전 어떤 때에 at any time before then'의 뜻으로 쓰입니다. ☞ p. 175, 266
* I <u>have seen</u> this play before. 전에 이 연극을 본 적이 있다. /
 I <u>had seen</u> this play before. 그 전에 이 연극을 본 적이 있었다.

형용사와 더불어 부사는 뒤에 있는 말은 '수식'하고, 앞에 있는 말은 '설명'합니다. (뒷말 수식, 수식어 / 앞말 설명, 설명어) 'thirty minutes before'는 thirty minutes를 before가 뒤에서 설명하는 것이지, 뒤에서 수식하는 것이 절대 아닙니다. '후위수식'이라고 하면 큰일 납니다. 영어 접어야 합니다. 영어는 '서술식 문장구조'고, '후위설명'입니다.

- **ago**

(기준이 과거인 before와 달리) ago는 기준이 '지금'이고, '지금 이전 before now'을 가리킵니다. 기준이 지금이니, 'ago now'입니다.

그런데 우리는 지금 살고 있고, 말을 이 순간에 합니다. 이로써 ago의 기준이 됩니다. ago 다음에 now를 명시하지 않아도 됩니다. 따라서 ago는 부사로만 쓰입니다.

- I arrived <u>thirty minutes ago</u>.

'thirty minutes ago'의 뜻은 지금 기준으로 – 지금부터 거꾸로 헤아려 – '30분 전에'입니다. 위 예문은 '(지금부터) 30분 전에' 도착했다는 말입니다. 도착한 지 30분이 지난 셈입니다.

> ago는 지금 이전을 가리키므로, 과거시제와 자연스럽게 어울립니다. 과거시점을 묻는 'When did ...?'의 물음에 ago로 대답하는 것으로 확인됩니다.
> * "When <u>did</u> you <u>read</u> it?" [과거시제]
>   "Two days <u>ago</u>."
>   "그것을 언제 읽었나요?" "이틀 전에요."
>
> ago는 지금 이전을 가리키므로, 지금과 연관이 있는 현재완료와 어울릴 수 없습니다.
> * *NOT* I <u>have read</u> it two days <u>ago</u>. [현재완료]

생각 더하기   6. for와 during

전치사 'for'는 어떤 사건이 얼마 동안 지속되었는지 '기간 duration'을 말할 때 쓰고, 전치사 'during'은 어떤 사건이 발생한 '시기 the time'를 말할 때 씁니다.

- He was in hospital <u>for</u> two weeks <u>during</u> the winter. he는 겨울에 2주 동안 입원해 있었다.

for 다음에는 기간을 뜻하는 '숫자'가 옵니다. (for는 'how long'에 대한 대답입니다.) 반면에, **during** 다음에는 시기를 뜻하는 '명사'가 옵니다. (during the summer 여름 동안)

- There was a storm during <u>the night</u>. It rained for <u>six hours</u>. 밤새 폭풍우가 불었다. 비가 여섯 시간 동안 내렸다.

• • •

과거시제

✓ 과거사＋과거시점
  － Yesterday was my birthday. It rained all day long.

✓ 회상
  － When I lived in the country, there was ...

✓ 역사적 사실
  － Ludwig van Beethoven was ...

16-1] "언제 비가 내리기 시작했나요?"

"두 시간 전에요."

16-2] 지난주에 생일파티 초대장을 보냈다.

16-3] 어제는 내 생일이었다. 온종일 비가 왔다.

16-4] "어젯밤 파티에 영희 왔니?"

"아니, 안 왔어. 베티랑 호주로 배낭여행 갔어."

16-5] 파티는 즐겁게 보냈니?

16-6] "지난 일요일 저녁 10시에 어디 있었니?"

"집에 있었어."

16-7] "확실해? 그때 너한테 전화했는데."

....

"일찍 잤어."

....

16-8] 시골에 살았을 때, 집에서 멀지 않은 곳에 강이 있었어. 강에서 종종 수영도 하고 낚시도 했지. 하지만 행복한 나날은 그리 오래 가지 않았어. 중학교 때 서울로 이사했거든.

....

16-9] 루드비히 반 베토벤은 고전음악 작곡가였다. 1770년 12월 17일 독일의 본에서 태어났다. 6살에 대중 공연을 시작했고, 일생 동안 9개의 교향곡을 작곡했다. 청각 상실로 고생했다. 1827년 57세의 나이로 세상을 떠났다.

....

2장

상
Aspect

문법에는 A라는 문법도 있고, B라는 문법도 있습니다. 그런데 따로따로 분리되어 있지 않고, '유기적인 짜임새'를 이룹니다. 즉 문법에는 A와 B가 결합한 'A+B'라는 문법도 있습니다.

A는 동사문법 중에 동사가 문장 안으로 들어가면 동사에 무조건 결합하는 시제입니다. 지금 B가 우리를 기다리고 있습니다.

상: 진행상, 완료상

B는 시제 못지않게 중요한 '상 Aspect'이라는 동사문법입니다. 상을 인식한 후, '시제+상'이라는 동사구를 하나하나 내 것으로 만들어 나갈 것입니다.

시제는 '동사'로 나타내지만, 상은 '분사'라는 준동사로 나타냅니다. 상을 알려면 먼저 분사를 알아야 합니다.

[동사문법은 네 가지로, '시제'를 비롯해 '상/태'와 '서법'이 있습니다. 1장 〈시제〉와 2장 〈상〉에 이어 **생각문법** ❷ 3장에서 〈서법〉을 다루고, 4장에서 〈태〉를 다룹니다.]

Zoom in Grammar

"상"이란?
Aspect

- I am <u>learning</u> English now.
  지금 영어를 배우고 있다.

- I have <u>learned</u> English since then.
  그때부터 영어를 배웠다.

위 예문의 'learning/learned'와 같은 품사를 "분사"라고 합니다. 매우 궁금해집니다, learn에 첨가된 -ing/-ed의 의미가 무엇이고, 왜 동사에 첨가되는지.

- I <u>am learning</u> ...   [현재시제 진행상]
- I <u>have learned</u> ...   [현재시제 완료상]

위 예문의 'am learning, have learned'와 같은 시제 형식을 "현재시제 진행상, 현재시제 완료상"이라고 합니다. 몹시 궁금해집니다, 현재와 결합한 진행/완료의 정체가 무엇이고, 왜 현재와 결합하는지.

> 분사의 개념

- *NOT* <u>울다</u> <u>아기</u>가 엘라야.

'울다'가 '아기'를 꾸민다? 위 예문은 부자연스럽습니다. 왜?

'울다'는 동사고, '아기'는 명사입니다. 동사는 명사를 꾸미지 못합니다. '울다'가 '아기'를 꾸미지 못해 부자연스러운 것입니다. 자연스러워지려면, 동사가 명사를 꾸밀 수 있는 말로 바뀌어야 합니다. 바뀌는 방식은 단순한데, 동사어근에 '-는/-ㄴ/-ㄹ'이 첨가됩니다.

아래 예문에서는 동사어근 '우'에 '는'이 첨가되어 '아기'를 꾸미고 있습니다.

- <u>우는</u> 아기가 엘라야.
  - 우는: 관형어 (우+는: 'ㄹ' 받침 탈락, 'ㄹ' 변칙 용언)
  - 예 흐르는 물의 '흐르는', 멈춘 기차의 '멈춘'

'우는'처럼 동사가 변해 명사를 꾸밀 수 있게 된 말을 "관형어"라고 합니다. 확인 질문입니다. '우'에 '는'이 왜 첨가되었을까요 동사가 왜 관형어로 바뀌었을까요? 네, 그렇습니다. 아기를, 명사를 꾸미기 위해서입니다.

관형어를 알았습니다. 그럼 분사를 안 것이나 다름없습니다.

- *NOT* The <u>cry baby</u> is Ella.

   cry가 baby를 수식? cry는 동사고 baby는 명사, 동사는 명사를 수식하지 못합니다. 위 예문은 cry가 baby를 수식하지 못해 부자연스러운 것입니다. 자연스럽게 하려면, 동사를 명사를 수식할 수 있는 – 형용사 역할을 할 수 있는 – 품사로 바꿔야 합니다. 바꾸는 방법은 간단한데, 동사원형에 '–ing/–(e)d'를 결합시킵니다. [–ing/–(e)d: 이하 'ing/ed']

   아래 예문에서는 동사원형 'cry'에 ing를 결합시켜 baby를 수식하고 있습니다.

- The crying baby is Ella.
  - 분사: cry + ing 〉 crying
  - 예 running water의 'running', stopped train의 'stopped'

동사원형에 'ing/ed'가 결합된 형태를, crying처럼 동사가 변해 명사를 수식할 수 있게 된 – 형용사 역할을 할 수 있게 된 – 품사를 "**분사** 分詞 · Participle"라고 합니다. 동사가 변했다는 것이 핵심!

   그렇습니다. baby를, 명사를 수식하기 위해 cry에 ing를 결합시킨 것이고, 동사를 분사로 바꾼 것입니다.

[살펴보았듯이, 분사는 '동사가 변한' 말로, '동사에 준한다' 하여 "준동사"라고 합니다. 한편, 'part(부분)'와 'cip[cap](갖다)'가 Participle의 어원입니다. 동사와 형용사의 성질을 '부분적으로 나누어(分) 갖는다' 하여 분사로 이름 지어졌습니다. (보통 문법책에는 현재분사와 과거분사로 나누어 분사로 부른다고 나오는데, 그렇다면 현재동사와 과거동사가 있는 동사도 분사로 불러야 합니다. 문법용어는 문법적이면서 분별성이 있어야 합니다.)]

> 'ing/ed'의 기능과 의미

　우리는 관형어가 무슨 말인지 몰라도 말하는 데 지장이 없습니다. 영미인이라고 다르지 않습니다. Participle을 알지 못해도 말하는 데 불편함이 없습니다. 이를 보고 혹자는 문법을 안 해도 된다고 합니다. 천만에 말씀! 서문에서 밝혔듯이, 내재되어 있어 의식하지 못할 뿐, 문법을 완벽히 통달해 말을 잘하는 것입니다. 그럼 구체적으로, 문법의 '무엇'을 완벽히 통달해 말을 잘하는 것일까요? 바로, 이것입니다.

문법형태의 (문법적) 기능
문법형태의 (문법적) 의미

　'-ing'나 '-(e)d'와 같은, 문법을 나타내는 형태를 "문법형태"라고 합니다. 문법형태는 저마다 기능과 의미를 지닙니다. 앞서 분사 개념을 통해 살펴본 것이 문법형태의 기능입니다.

'ing/ed'의 기능: 동사의 형용사 역할
– 동사로 하여금 형용사 역할을 하게 함

　'ing/ed'의 문법적 기능은 '동사의 형용사 역할'로, 동사로 하여금 형용사 역할을 하게 합니다. (crying baby: 동사 'cry'에 ing가 결합해 분사 'crying'이 되어 명사 'baby'를 수식할 수 있게 되었습니다.)

　이제 'ing/ed'의 문법적 의미를 살펴볼 차례입니다.

- I learn**ed** English yesterday.
  어제 영어를 배웠다.

동사에 붙은 위 예문의 ed는 과거를 의미합니다. 그럼 분사를 이루는 아래 예문의 'ing/ed'는 무엇을 의미할까요?

- I am learn**ing** English now.
  지금 영어를 배우고 있다.

- I have learn**ed** English since then.
  그때부터 영어를 배웠다.

모르면 큰일 납니다. 바로 이것입니다.

> 'ing/ed'의 의미
> └ ing: 진행, 능동
> └ ed: 완료, 수동

(상과 관련해) ing는 '진행'을 의미하고, ed는 '완료'를 의미합니다.

궁금하지 않을 수 없습니다. 하고많은 말 중에 하필이면 진행과 완료일까요? 진행과 완료, 대체 어디서 온 말일까요?

['learn'은 '어휘형태 어휘부'로, '서술'이라는 기능과 '배우다'라는 의미를 지닙니다. 이를 모르고 영어를 잘할 수 있을까요? 'ing/ed'는 '문법형태 문법부'로, 제각기 문법적인 기능과 의미를 지닙니다. 이를 모르고 문법을 내 것으로 만들 수 있을까요?]

※ '능동'과 '수동'은 태라는 동사문법입니다. **생각문법 ❷** 〈태〉에서 다룹니다.

상이란?

117

─| 진행/완료의 정체가 무엇일까?

　영희를 좋아하는 철수, 오늘은 영희와 영화를 보기로 한 날입니다. 매표소 앞에서 영희를 기다리고 있습니다. 영화를 보고 저녁을 먹을 것이고, 저녁을 먹고 커피를 마실 것입니다. 커피를 마시고…….

　위 이야기를 문법적으로 다시 쓰겠습니다.

　집중! 집중!

　영희가 오고 나면 영희를 기다리던 진행은 완료하고, 영화를 보는 진행이 시작됩니다. 영화를 보고 나면 영화를 보던 진행은 완료하고, 저녁을 먹는 진행이 시작됩니다. 저녁을 먹고 나면 저녁을 먹던 진행은 완료하고, 커피를 마시는 진행이 시작됩니다. 커피를 마시고 나면…….

　진행과 완료는, 완료와 진행은 떼려야 뗄 수 없는 동전의 양면과 같습니다. 진행은 완료하고, 완료와 동시에 또 다른 진행이 시작됩니다. 이렇듯 진행과 완료는 맞물려 계속 이어집니다.

> 진행상과 완료상

일상과 인생, 우주와 삼라만상은 무수한 진행과 완료로 이루어졌습니다. 시간만으로 이루어지지 않았고, 시간만 흐르지 않습니다. 진행과 완료가 끝없이 연속하고, 한없이 반복됩니다.

'진행 완료 진행 완료 진행 완료 진행 완료…….'

위와 같이 시간의 흐름에 따른, 시간적으로 변하는 사건이나 상태의 양상을 "**상** 相·Aspect"이라고 합니다.

　　상의 종류
　　　└ ing: 진행상 The Continuous Aspect
　　　└ ed: 완료상 The Perfect Aspect

여러분

사건이나 상태, 즉 '사태(事態)'가 시간이 흐르는 가운데 진행이나 완료의 양상을 띠더라는 것입니다. (양상: 사물이나 현상의 모양이나 상태) 영미인이 보기에 사태의 양상이 시간의 흐름에 따라 진행 아니면 완료더라는 것입니다. 이러한 생각을, 생각은 언어로 표현되므로 'ing/ed'에 담아 분사의 형태로 언어화한 것입니다.

상을 인식했습니다. 그러자 분사가 다시 보입니다. 분사와 관련해 다시 생각해 볼 점이 있습니다.

보통 문법책은 ▶ learned와 같은 품사를 '과거분사'로 부릅니다. 이와 대비해 learning과 같은 품사를 '현재분사'로 부릅니다. ◀ 분사가 과거를 나타내기라도 한단 말인가? 과거를 나타내지 않는데, 바보같이, 왜 과거분사?

- I <u>learn**ed**</u> English yesterday. [과거시제]
  - 과거시제인 learned, 과거시제의 'ed'

- I have <u>learn**ed**</u> English since then. [완료상]
  - 완료상인 learned, 완료상의 'ed'

위와 같이, 영어는 과거시제와 완료상을 나타내는 형태가 ed로 같습니다. 하지만 문법 범주가 시제와 상으로 다릅니다. 또한 문법적 의미가 다릅니다. ed의 시제적 의미는 '과거'고, ed의 상적 의미는 '완료'입니다. ('현재'와 '과거'는 시간이고, 동사로 나타나는 시제입니다. 하지만 '진행'과 '완료'는 시간이 아닙니다. '양상'이고, 분사로 나타나는 상입니다.

그런데 보통 문법책은 문법 범주와 문법적 의미를 모두 무시해 버리고, ed가 과거시제를 나타낸다고 덩달아 완료상의 learned를 과거분사로 부르고 있습니다. 한술 더 떠, 과거분사와 대비하려고 허투루 진행상의 learning을 현재분사로 부르고 있습니다.

완료에는 과거완료만 있지 않습니다. 현재완료도 있고, 미래완료도 있습니다. 즉, 완료상은 모든 시역에 쓰입니다. 특정 시제나 시간에 속하지 않으므로, 과거분사로 부르면 안 됩니다. 이는 현재분사도 마찬가지입니다. 현재분사[과거분사]로 부르면 현재시제[과거시제]와 혼선만 빚습니다. 무엇보다, 'ing[ed]'의 의미를 인식하는 데 방해만 됩니다.

상식적으로, 진행[완료]를 나타내는 분사를 진행분사[완료분사]로 불러야지, 대체 무엇으로 불러야 할까요?

현재분사[과거분사]로 부르면 안 되는 이유는 자명합니다. 분사의 'ing[ed]'가 '현재[과거]'를 나타내지 않기 때문입니다. 현재분사[과거분사]로 부를 이유가 전혀 없습니다.

진행분사[완료분사]로 불러야 하는 이유는 자명합니다. 분사가 진행[완료]를 나타내기 때문입니다. 진행분사[완료분사]로 부르면 직감적으로 '진행[완료]를 나타내는 분사'로 단번에, 바로 알아 볼 수 있습니다. 본디 진행[완료]를 나타내는, 진행[완료]의 분사를 진행분사[완료분사]로 부르는 것은 마땅하고, 당연히 이렇게 불러야 합니다. 해서, 고쳐 부르고자 합니다.

> **분사의 종류** (상과 관련하여)
> ┗ learning: 진행분사 Continuous Participle, c.p.
> ┗ learned: 완료분사 Perfect Participle, p.p.

[문법 범주가 다르면, 마땅히 관련 품사를 다르게 불러야 합니다. 분사는 '수동태'도 나타냅니다. 수동태를 나타내는 분사는 당연히 '수동분사'로 불러야 하는데, 보통 문법책은 이마저도 황당하게 과거분사로 부릅니다. 과거는 수동과 아무 상관 없는 말인데도, 어이없게 '과거분사가 수동태를 나타낸다'고 합니다. 참 안타까운 일입니다.]

문법은 개념인데, 문법용어가 개념을 제대로 반영하지 못하다 보니, 문법용어 때문에 문법이 어렵다는 말이 나올 만합니다. 우리라도 개념 있는 문법용어를 썼으면 합니다. 이런 뜻에서 하나 더 고쳐 부르고자 합니다.

보통 문법책은 ▶ 'am learning'과 같은 시제 형식을 '현재진행시제'로 부르고, 'have learned'와 같은 시제 형식을 '현재완료시제'로 부릅니다. ◀ 문법을 이해하는 데 방해가 되는, 부정확하거나 부적절한 문법용어는 고쳐 불러야 합니다.

'시제(현재/과거)'는 동사로 나타나고, '상(진행/완료)'은 분사로 나타납니다. 시제는 시제고, 상은 상입니다. 서로 구분할 필요가 있습니다. '현재시제 진행상', '현재시제 완료상'으로 불러야 합니다.

am learning   have learned
현재시제 진행상   현재시제 완료상

시제와 더불어 상을 인식한 사람은 learn의 양상이 현재시제 [am/have] 영역에서 '진행[ing]' 또는 '완료[ed]'라고 생각할 것입니다. 생각한 대로, 시제와 상을 구분해 '현재시제 진행상', '현재시제 완료상'으로 부를 것입니다. 그렇지 않을까요?

이제 더는 시제와 혼선을 빚지 않고, 진행과 완료라는 'ing'와 'ed'의 의미를 바로 인식할 수 있습니다.

국어 문법서에도 '현재시제 진행상[완료상]'으로 나오고, 원서에도 'Present Tense Continuous[Perfect] Aspect'로 나옵니다.

특히 진행상이 결합하지 않은, 시제(동사)만 있는 단순한 형태의 현재[과거]시제를 "단순 현재[과거]시제"라고 합니다. 원서에는 'The Simple Present[Past] Tense'로 나옵니다.

영어를 할 때 국어를 하지 말라고 했지, 누가 영어문법을 할 때 국어문법을 하지 말라고 했습니까? 우리 머릿속에 기가 막힌 것이, 그것도 내재되어 있습니다. 바로, '국어문법'입니다.

문법을 놓고 보면, 국어문법과 영어문법은 따로 떨어져 있지 않습니다. 머리와 몸통이 그렇듯이 하나로 공존합니다. 이는 국어문법을 통해 영어문법을 알 수 있다는 의미입니다. 이를 증명하듯 관형어를 알았더니 분사를 안 것이나 다름없었습니다.

국어문법이 이해하기 힘든 영어문법을 종종 명쾌하게 설명해 줍니다. 이러한 국어문법을 그 누구도 아닌 우리가 십분 활용하지는 못할망정 배척해서는 안 될 것입니다.

국어문법도 하는 것이 정상! 아주 바람직한 영어문법 공부!

도움이 안 되는 국어문법은 **생각문법**에 나오지 않으니, 때때로 국어문법이 나올 때마다 눈여겨보시길 바랍니다.

※ 국어문법 출처: 「국어문법」 서정수 지음
       - 1996 수정증보판 한양대학교 출판원, 2006 수정판 도서출판 한세본
   「시제와 양상」 이기용 지음
       - 1998 태학사

〉 동사구

시제는 '시간적 위치'를 나타내고, 상은 '시간적 양상'을 나타냅니다. 시간적으로, 시제와 상은 불가분의 관계에 있습니다. 동사(시제)와 분사(상)가 결합해 '동사구'를 이룹니다.

["구 句·Phrase·조각말"란 '주어+서술어'의 형식을 갖추지 않은, 두 개 이상의 단어로 이루어진 의미단위를 말합니다.]

- I <u>am learning</u> ...
  - 동사구: am(동사) + learning(진행분사)

- I <u>have learned</u> ...
  - 동사구: have(동사) + learned(완료분사)

위 예문에서 밑줄 친, 동사와 분사가 결합한 'am learning'과 'have learned'가 **'동사구** Verbal Phrase'입니다.

[부정사·동명사와 함께 분사를 '동사에 준한다' 하여 "준동사"라고 합니다. 분사를 먼저 다루는 이유는 분사가 동사와 결합해 '동사구(=서술어)'를 이루기 때문입니다.]

[명사로 쓰이는 동사를 '동명사'로 부르듯, 분사를 형용사 역할을 한다고 '동형사'로 부르는 문법책이 더러 있습니다. 동명사는 품사 범주가 바뀌는 '품사전성'으로, 동사가 명사로 '명사화된' 품사입니다. '명사·대명사'와 함께 명사어에 속합니다. (동명사의 'ing'는 일종의 '접미사'입니다.) 이와 달리, 분사는 '기능 바꿈'입니다. 동사가 기능을 바꿔 형용사 역할을 하는 것이지, 동사가 형용사로 품사까지 바뀌는 것은 아닙니다. (분사의 'ing/ed'는 '어미'입니다. 분사는 동사가 '형용사처럼' 쓰이는 말입니다.) 분사는 동사어에 속합니다. 결정적으로, 분사는 '상'과 '태'라는 동사문법을 담당합니다. 형용사와는 급이 다릅니다. 여러모로 아니니, 분사를 '동형사'로 부르면 안 되겠습니다.]

여러분

글자를 보면, 언어는 생각을 표현하므로, 생각이 보여야 하지 않을까요?

- <u>am</u> learn<u>ing</u>, <u>have</u> learn<u>ed</u>

시제와 상을 아울러 인식한 사람은 learn이 현재시제[am/have] 영역에서 진행[ing]하거나 완료[ed]했다는 생각이 보일 것입니다. 보이는 대로 시제와 상을, 구분은 하되, 둘이 아닌 하나로 여길 것입니다.

동사구는 하나의 관념이며, 하나의 의미입니다. 아니나 다를까 우리는 '배우고 있다'를 '배우다'와 '-고 있다'로 나누어 생각하지 않고, '배웠다'를 '배우다'와 '-ㅆ다'로 쪼개어 보지 않습니다. 영미인도 'am learning'을 am과 learning으로 따로따로 생각하지 않고, 'have learned'를 have와 learned로 떼 놓고 보지 않습니다. 우리도 영미인도 하나로 생각하고 하나로 봅니다. 이런 것이 구이고, 이런 것이 동사구입니다. 머지않아 내 것이 되고 말테니 모든 동사문법이 결합한 동사구를 미리 한 번 보겠습니다.

- It <u>may have been deleted</u>.
  그것은 삭제되었을지도 모른다.
  – 동사구: may(서법) + have(시제) + been(상) + deleted(태)
  – 문장성분으로 말하면, 동사구는 문장의 서술어 (동사구 = 서술어)

현재시제 + 진행상/완료상/완료진행상

- I <u>am learning</u> ...
  - 동사구: am(현재시제) + learning(진행상)

- I <u>have learned</u> ...
  - 동사구: have(현재시제) + learned(완료상)

- I <u>have been learning</u> ...
  - 동사구: have(현재시제) + been(완료상) + learning(진행상)

과거시제 + 진행상/완료상/완료진행상

- I <u>was learning</u> ...
  - 동사구: was(과거시제) + learning(진행상)

- I <u>had learned</u> ...
  - 동사구: had(과거시제) + learned(완료상)

- I <u>had been learning</u> ...
  - 동사구: had(과거시제) + been(완료상) + learning(진행상)

 상을 인식했고, 마침내 동사구도 인식했습니다. 준비를 마쳤습니다. '현재진행'부터 '과거완료진행'까지 동사구를 하나의 의미로 보는 것이 우리의 목표! 위와 같은, 동사(시제)와 분사(상)가 결합해 '한 짝을 이룬' 동사구를 하나씩 살펴보겠습니다.

 ※ will은 서법 조동사이므로, will이 들어간 동사구는 **생각문법 ❷** 〈서법〉에서 다룹니다.

생각 더하기
7. 시제 조동사와 본동사

- <u>am</u> learning, <u>have</u> learned

'am, have'는 서술 기능을 완성하는 형식적인 동사, 즉 '조동사'입니다. '무표(ø)'를 통해 현재라는 시제 정보를 알리고 있습니다. 시제를 담당하고, 의문문·부정문을 만드는 조동사를 "시제 조동사 Auxiliary Verb"라고 합니다. 'be · have · do'가 있습니다. 반면에,

- am <u>learn</u>ing, have <u>learn</u>ed

'learn'은 주어를 설명하는 실질적인 동사, 즉 '본동사'입니다. 'ing/ed'를 통해 '진행/완료'라는 상 정보를 알리고 있습니다.

[본동사는 조동사의 상대적인 말입니다. 동사가 조동사와 함께 있는 문장에서, 조동사와 구별하기 위해, 이때의 동사를 본동사로 부릅니다. 한편, am/have는 형식적인 동사라 약하게 – 또는, '축약(I'm/I've)' 형태로 – 발음하지만, learn은 실질적인 동사라 힘주어 제대로 발음합니다.]

확인 질문입니다. 아래 예문에서 본동사는?

- It may have been deleted.

네, 그렇습니다. 'delete'입니다. ('may have been deleted'는 동사구고, 문장의 서술어입니다.)

Unit 3

현재시제 진행상
The Present Tense − Continuous Aspect

  현재시제 진행상은 'am/are/is+～ing'의 형태로, '지금 하고 [일어나고] 있는 일'을 나타냅니다. 일차적으로, '지금 상황을 묘사' 합니다. (물결표[～]: 동사원형)

  [이하 가급적이면, '현재시제 진행상'을 '현재진행'으로 줄여 – 같은 방식으로 다른 시제 형식도 줄여 – 편하게 읽겠습니다.]

예문17은 지금 상황을 묘사한, 전형적인 현재시제 진행상 문장입니다.

17-1] I'm driving now.
17-2] "Is Nicole studying?"
"No, he's not. He's watching TV."
17-3] "What are the kids doing?"
"They're playing with a ball in the playing field."
17-4] Who are you waiting for?
17-5] Where are those people going?
17-6] We're wearing the same T-shirts.
17-7] The bell is ringing.
17-8] This copier isn't working at the moment.
17-9] It's not raining any more.

17-1] 지금 운전하고 있어요. [17-2] "니콜 공부하고 있어요?" "아니요, TV 보고 있어요." [17-3] "애들은 뭐 하고 있어요?" "놀이터에서 공놀이하고 있어요." [17-4] 누구를 기다리고 있나요? [17-5] 저 사람들은 어디를 가고 있나요? [17-6] 우리는 같은 티셔츠를 입고 있어요. [17-7] 종이 울린다. [17-8] 지금은 이 복사기가 작동하지 않는다. [17-9] 더는 비 안 와.

예문17은 우리에게 익숙함을 넘어 친숙하기까지 한 문장입니다. 친숙한 나머지 '현재진행' 하면, 많은 사람이 '지금 ~하고 있다'라면서, 지금이 연상되는 예문17과 같은 문장만 떠올립니다. 이런 선입견을 버리지 않으면, 현재진행은 내 것이 될 수 없습니다.

생각 더하기　　8. 국어의 진행상

17-1] 지금 운전하고 있어요.
17-2] "니콜 공부하고 있어요?" "아니요. TV 보고 있어요."
17-3] "애들은 뭐 하고 있어요?" "놀이터에서 공놀이하고 있어요."
17-4] 누구를 기다리고 있나요?

위와 같이, 국어는 '-고 있-'이 진행상을 나타냅니다. 그런데 국어에는 진행상을 나타내는 문법형태가 하나 더 있습니다. 다름 아닌, 현재시제 문법형태 '무표(ø)'입니다.

17-1] 지금 운전해요.
17-2] "니콜 공부해요?" "아니요. TV 봐요."
17-3] "애들은 뭐해요?" "놀이터에서 공놀이해요."
17-4] 누구를 기다리나요?

국어는 무표가 현재시제뿐 아니라 진행상도 함께 나타낼 수 있습니다. 위와 같이 말해도, 진행의 의미는 고스란히 전달됩니다. 국어의 특성 중 하나로, 이 특성이 우리로 하여금 더더욱 '현재(시제) = 지금'으로 여기게 합니다.

[위와 같은 상황에서는 '~하고 있어요.'나 '~해요.'나 별 차이가 없습니다. 진행 상황을 강조하는 경우가 아니면, 영어문장이 현재진행이라도 '~해요.'로 해석해도 국어는 무방합니다. 다만, 진행의 의미는 아무래도 눈에 보이는 '-고 있-'이 무표에 비해 뚜렷하게 드러냅니다.]

주의! "운전하고 있는 중이야." 이처럼 진행의 의미를 이중으로 표현하기 보다는 '운전하고 있어. / 운전해. / 운전 중이야.' 셋 중에 하나로!

현재시제 진행상

개념 잡기

현재시제가 그렇듯이,
현재진행도 지금만 나타내지 않습니다.

> 현재진행의 영역과 개념

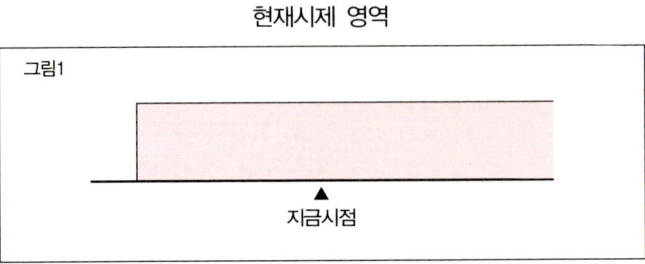

(미래가 열린) 그림1에 진행상[⇨]이 결합하면, (미래가 닫힌) 그림3이 됩니다.

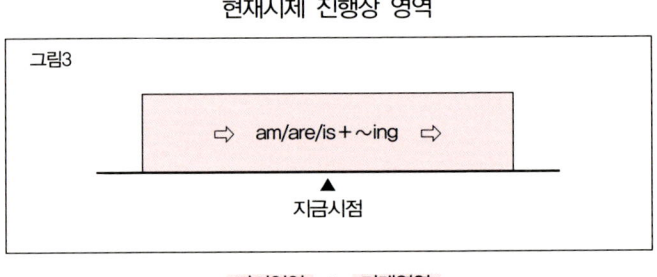

현재시제에 진행상이 결합한 '현재시제 진행상', 그림3이 보여주듯이, 미래가 닫힌 것을 제외하면, 현재진행도 과거와 미래를 모두 포함합니다. 현재시제와 마찬가지로, 현재진행 영역에도 지금시점뿐 아니라, 과거영역과 미래영역이 있습니다. 확인해 보면,

- He is waiting for her in front of the box office.
  철수는 매표소 앞에서 영희를 기다리고 있습니다.
  - 동사구: is(현재시제) + waiting(진행상)

영희와 영화를 보기로 한 철수, 매표소 앞에서 영희를 기다리고 있습니다. 철수는 영화관에 도착한 때부터 영희를 기다렸고 영희가 올 때까지 기다릴 것입니다. 요컨대, 위 예문은 철수가 영희를 (1초만 지나도 과거이므로) '과거부터 기다렸고', '지금도 기다리고 있고', (1초라도 후면 미래이므로) '미래까지 기다릴 것'이라는 말입니다. 그림3을 완벽하게 나타냅니다. 이로써 현재진행도 지금만 포함하지 않는다는 사실이, 과거와 미래도 포함한다는 사실이 밝혀졌습니다.

개념 ■ 과거부터 진행한 일, 미래까지 진행할 일

그림3을 통해, 지금 진행하는 일은 '과거부터 진행한 일'이고 '미래까지 진행할 일'이라는 현재진행 개념을 잡았습니다. 확실히 하면,

- I am studying English. [현재진행]

위 예문은 (이미 진행되었으므로 5분 전이든) 과거부터 영어를 공부했고 (아직 완료하지 않았으므로 5분 후든) 미래까지 공부할 것이라는 말입니다. 확인 질문입니다. 위 예문을 해석하면?

혹여나, '지금 영어 공부하고 있어.'로 해석하면 50점! 위 예문은 지금만 해당되는 말이 아닙니다. 100점을 받아야겠습니다.

> **생각 더하기**   9. 현재진행의 미래가 닫힌 이유
>
>   미래가 열린 그림1과 달리, 그림3은 미래가 닫혔습니다. 그만한 이유가 있을 터,
>
>   강조합니다. 진행의 속성은 '완료'입니다. 이것이 현재진행의 미래가 닫힌 이유입니다.
>
>   진행과 완료, 완료와 진행은 동전의 양면과 같습니다. 동전에 한 면만 있지 않듯이, 진행이 있어 완료가 있는 것이고, 완료가 있어 진행이 있는 것입니다.
>
>   진행은 한도 끝도 없이 하지 않습니다. 진행은 언제고 완료합니다. 완료하러 가는 것이 진행이고, 완료하니까 진행입니다. 완료하지 않으면, 그것은 지속이고, 영원입니다. 현재시제가 되고, 그림1이 됩니다. 진행은 '언제고 완료하기에' 현재진행의 미래가 닫힌 것입니다.
>
>   **주의!** 철수가 단지, 영희가 올 때까지만 기다릴 것이라 미래가 닫힌 것이 아닙니다. 진행의 다른 말은 '완료'입니다. 매표소 앞에서 철수는 영희를 영원히 기다리지 않습니다. 어떤 식이든 기다림은 완료하고 맙니다.

  이제, '현재진행'하면 지금이 연상되는 선입견을 버릴 차례입니다. 언제고 완료하는 그림3을 다시 보겠습니다.

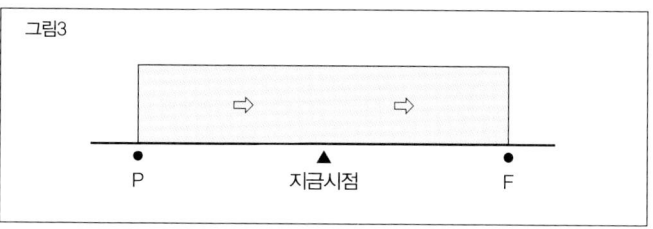

P: 과거시점 / F: 미래시점
PF: 과거시점에서 미래시점까지의 시간

　미래영역이 닫혔으므로, 현재진행 영역에는 P뿐 아니라 'F'도 있습니다. 즉, 현재진행 영역은 P부터 F까지입니다. 핵심은 PF의 길이로, PF가 짧지만 않다는 것입니다. 얼마든지 길 수 있다는 것입니다. 일례로, 'The universe is expanding. 우주는 팽창하고 있다.'는 PF가 상상할 수 없을 정도로 길고 깁니다.

- I am studying English. [현재진행]

　PF를 짧게만 생각하면 '지금'만 떠오르게 됩니다. 위 예문을 '지금 영어 공부하고 있어.'로만 해석하게 됩니다. (이렇게만 해석하면 50점) 이것이 전부가 아니라는 것입니다.

　PF를 얼마간 늘려 잡으면 '요즘'도 떠오릅니다. 위 예문이 '요즘 영어 공부해.'로도 해석됩니다. (이렇게도 해석해야 100점)

　현재진행은 지금 하고[일어나고] 있는 일만 나타내지 않습니다. 지금 상황만 묘사하지 않습니다.

예문 18은 PF가 짧지 않은, PF를 늘려 잡은, 근래에 하고[일어나고] 있는 일을 나타낸 현재시제 진행상 문장입니다.

민호가 오랜만에 철수에게 전화를 걸었습니다.

18-1] "How <u>are</u> you <u>doing</u>?"
       "Very well, thanks. I'<u>m working</u> part-time
           in a fast-food restaurant. What about you?"
18-2] "I'<u>m studying</u> mainly math. What'<u>s</u> your sister
           <u>doing</u>?"
18-3] "She'<u>s writing</u> a romantic novel."

요즘 [18-1] "어때?" "잘 지내, 고마워. 나 패스트푸드점에서 아르바이트해. 너는?" [18-2] "수학 위주로 공부해. 너희 누나 뭐 하시니?" [18-3] "연애 소설 써."

철수와 민호가 지금 하고 있는 일은 통화입니다. 하지만 통화 내용은 두 사람과 누나의 요즘 상황, 즉 '근황'입니다. 지금 하고 있는 일이 아닙니다. 아래 예문도 마찬가지입니다.

카페에서 영희와 철수가 서로의 근황을 이야기하고 있습니다.

18-4] "I'<u>m learning</u> (how) to drive."
18-5] "Really? <u>Is</u> your driving <u>getting</u> better?"
       "Yes, but it's difficult for me. I'<u>m trying</u> to."
18-6] "I'<u>m studying</u> British English."
       "Actually, I'<u>m thinking</u> of studying it."

생각문법

요즘 [18-4] "나 운전 배워." [18-5] "정말? 늘고 있니?" "응. 그런데 나한테는 어려워. 노력 중이야." [18-6] "나 영국영어 공부해." "사실은 나 영국영어 공부할까 생각 중인데."

아래 예문도 요즘 상황이지, 지금 상황이 아닙니다.

베티가 자기소개를 합니다.

18-7] "My name is Betty. I come from Australia. I'<u>m living</u> in Sinchon and <u>studying</u> at Hanguk University."

18-8] "What course <u>are</u> you <u>taking</u>?"
"I'<u>m doing</u> a two-year course in Korean."

18-9] "<u>Are</u> you <u>enjoying</u> it?"
"Yes, very much."

18-7] "베티라고 해. 호주에서 왔어. 신촌에서 살고 한국대학에서 공부해." [18-8] "무슨 과목을 듣니?" "2년 과정의 한국어를 들어." [18-9] "재미있니?" "응, 정말 재미있어."

18-8] 대학에서 전공하고 있는 과목은 보통 현재진행으로 나타냅니다.

예 He's studying law at Harvard. he는 하버드에서 법을 공부해.
She's majoring in music. she는 음악을 전공해.

[해석 위주로 영어문법을 배운 탓에, 많은 사람이 '현재진행' 하면, '지금 ~하고 있다'로 각인되어 있습니다. 지금 상황을 묘사하는 경우가 아니면, 현재진행은 '지금 ~하고 있다'로 해석되지 않습니다.]

현재진행

137

어떻습니까? '지금 ~하고 있다'라는 선입견을 버리고 나니 현재진행이 새롭게 보이지 않습니까?

완료하고 마는 진행, 시간의 한정을 의미

현재시제에 진행상이 결합하면 미래영역이 닫힙니다. P만 있던 현재시제 영역에 F가 생깁니다. PF로 시간이 한정됩니다. 현재시제에 진행상이 결합함으로 일어난 일입니다. 강조합니다, 문법에서 말하는 진행은 '시간의 한정 a limited period of time'을 의미합니다. 이렇듯 현재진행은 '한시성'을 지닙니다.

현재진행은 PF로 시간이 한정된 '한시적인 temporary' 시제 형식입니다. 한시성을 지닌 현재진행은 PF에서 진행 중인 '한시적인 일'을 나타냅니다.

한편, PF가 짧아지면, 한시적인 일은 일시적인 일이 됩니다. "한시적"이란 말을 "일시적"이란 말로 바꾸어 말할 수 있습니다. 현재진행은 또한, PF에서 진행 중인 '일시적인 일'을 나타냅니다.

여러분

일상 언어생활에서 말하는 시간은 '유한시간'입니다. 즉, ('today · these days, this month · now'와 같은) 시간 부사(구)는 한정된 시간입니다. today를 보면, '0시부터 24까지'로 시간이 한정되었습니다. 시간 부사(구)는 그 자체로 한시적이니, 한시성을 지닌 현재진행과 잘 어울리지 않을까요?

예문19는 시간 부사(구)로 시간이 한정된, 한시적인/일시적인 일을 나타낸 현재시제 진행상 문장입니다.

19-1] You're working hard today.
19-2] I'm practicing driving these days.
19-3] She's writing another book this month/this year.
19-4] I'm taking five courses this term.
19-5] He's not playing this season.
19-6] Mr. Kim is working in New York for two months.

19-1] 너 오늘 열심히 일하는구나. [19-2] 요즘 운전 연습해. [19-3] 누나는 이번 달에/올해 다른 책을 써. [19-4] 이번 학기에 다섯 과목 들어. [19-5] he는 (부상으로) 이번 시즌은 뛰지 않아. [19-6] 김 선생님은 두 달 동안 뉴욕에서 일하세요.

현재진행이 PF로 시간이 한정되었다는 사실을, 진행이 시간의 한정을 의미한다는 사실을 알지 못하면, 예문19는 상당히 낯설어 보이는 문장입니다. 한 예로,

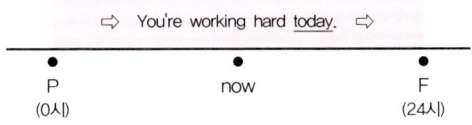

today는 '시작된 오늘 0시'과 '끝날 오늘 24시'로, 즉 PF로 시간이 이미 한정되어 있습니다. PF로 시간이 한정되면, 자연히 한시적인/일시적인 일이 됩니다. 마땅히 현재진행으로 나타냅니다.

'now'와 'at the moment'의 뜻은 PF의 길이에 따라 '말하고 있는 지금 이 순간 at the time of speaking, at this moment'일 수도 있고, '요즘 at the present time'일 수도 있습니다.

19–7] Where are you living **now**?
19–8] Mr. Kim isn't living in Seoul **at the moment**.
19–9] The elevator isn't working **at the moment**.

19–7] 지금은 어디서 사세요? [19–8] 지금은 김 선생님이 서울에 살지 않습니다. [19–9] 지금은 엘리베이터가 작동하지 않습니다.

19–7] 이때의 now의 뜻은 해석은 지금으로 했지만, 문맥상 요즘에 가깝습니다. 한 곳에 오래 머물러 살 것 같지 않은 사람에게 '현상황 (= 현재 상황)'을 물은 말입니다.

19–8] 이때의 at the moment의 뜻도 요즘에 가깝습니다.

19–9] 이때의 at the moment의 뜻은 지금입니다.

주의! 지금을 뜻하는 now와 at the moment도 PF가 지금 전후로 짧을 뿐, 시간이 한정되기는 마찬가지입니다.

주의! now와 달리, at the moment에는 '상황이 머지않아 곧 변할 것 같다'는 뉘앙스가 있습니다. [19–8] 김 선생님이 머지않아 돌아올 것으로 보이고 [19–9] (수리 중이니) 엘리베이터가 곧 작동할 것으로 보입니다.

PF로 시간이 한정되기만 하면, 해석은 국어에 맞게 편하게 하면서, 주저 말고 현재진행으로!

현재시제 진행상

내 것으로 만들기

현재시제에서, 상태동사는 지속성을 지니므로
진행형으로 쓰이지 않는다고 했습니다.

(상태동사 진행형 불가 ☞ p. 38)

하지만 한시적/일시적이면
상태동사라도 진행형으로 쓰입니다.

〉 현재진행과 상태동사

진행형으로 쓰일 수 없는 상태동사가 진행형으로 쓰이면, 더는 상태동사의 의미가 아닐 것입니다. (상태동사 ↔ 동작동사)

동작은 한시적입니다. 상태동사가 진행형으로 쓰이면, 진행상은 한시성을 지니므로, 동작동사의 의미를 지니게 됩니다. 즉, 진행형의 상태동사는 '한시적인/일시적인 동작·행동'을 나타냅니다. 이뿐 아니라, 한시적/일시적이면 상태도 나타냅니다.

예문20은 상태동사가 쓰인, 한시적인/일시적인 동작·행동과 상태를 나타낸 현재시제 진행상 문장입니다. ★ 예문7과 비교 ☞ p. 39

20-1] He's having dinner.
20-2] Cheolsu and Yeonghui are seeing each other.
20-3] I'm tasting the wine.
20-4] I'm loving it.
20-5] I'm thinking about which courses I should take.
20-6] I'm understanding Betty little by little.
20-7] "How are you feeling today?" "I'm feeling better."

20-1] he는 저녁 먹고 있어. [20-2] 철수와 영희는 서로 사귀고 있어. [20-3] 와인을 맛보고 있어. [20-4] 정말 맛있어. [20-5] 어떤 과목을 들어야 할지 생각 중이야. [20-6] 베티를 조금씩 이해하고 있어. [20-7] "오늘 기분이 어때?" "한결 나아."

20–1] 한시적인 식사. 이때의 have는 '먹다 (= eat)'라는 뜻입니다.

20–2] 한시적인 사귐. 이때의 see는 '(연인으로) 만나다 (= date)'라는 뜻입니다.

20–3] 와인을 맛보는 일시적인 동작이 그려집니다.

20–4] 햄버거를 맛있게 먹는 일시적인 동작이 떠오릅니다. (햄버거 광고 문구)

20–5] 머리를 써서 생각 중이라는 말입니다. 이러한 생각은 한시적입니다.

20–6] 이해하는 과정에 있다는 말입니다. 과정 또한 한시적입니다.

20–7] 오늘의 기분은 한시적입니다. (기분과 같은 상태를 현재진행으로 말하면 친근한 느낌도 주고, 여느 때와 다르다는 느낌도 줍니다. 이 문장을 현재시제로 말하면 거리감이 좀 있으면서 점잖은 느낌을 줍니다.) 예 How do you feel today? 오늘 기분이 어떻습니까?

'kind · silly'와 같은 형용사는 상태라도 일시적일 수 있고, 동작 · 행동을 의미할 수 있습니다. 진행형과 함께 쓰일 수 있습니다.

20–8] She's being kind to me.

20–9] You're being silly.

20–8] she가 (오늘따라) 나한테 친절하게 대하네. [20–9] (왜 이렇게) 바보같이 구니.

20–8] 평소와 다르게, 일시적으로 나에게 친절히 행동한다는 말입니다.

20–9] 원래는 바보 같은 친구가 아닌데, 일시적으로 바보같이 행동한다는 말입니다.

주의! 'tall 키가 큰'과 같은 형용사는 일시적일 수 없을 뿐더러, 동작 · 행동을 의미할 수도 없습니다. 진행형과 함께 쓰일 수 없습니다.

* NOT He's being tall[young/handsome/tired].

—| 변화를 왜 현재진행으로 나타낼까?

(영속성을 지닌 현재시제가 '영속적인 일'을 나타내듯이) 한시성을 지닌 현재진행이 '한시적인 일'을 나타내지 않을까요? 한시적인 일에는 '변화, 약속, 불평'이 있습니다. 변화부터 살펴보겠습니다.

- The wind is changing direction. [현재진행]
  바람 방향이 바뀌고 있다.

- The world population is increasing very fast.
  세계 인구가 급속도로 늘고 있다.

풍향 바뀜은 '전향할 때까지만' 계속되는 변화고, 인구 증가는 '감소할 때까지만' 지속되는 변화입니다. 이렇듯 변화는 한시적입니다. 한시성을 지닌 현재진행과 잘 어울립니다. (현재진행은 특히 인구 증가나 기후 변화와 같은 비교적 '오랜 시간에 걸친' 변화와 잘 어울립니다. * The climate is getting warmer. 기후가 점점 더워지고 있다.)

| get | become | grow | change | expand |
| increase | improve | rise | fall | begin |

변화의 의미를 내포한 동사

위와 같은 동사는 진행형으로 쓰면, 동사에 내포된 한시적인 변화의 의미가 두드러집니다. 변화에 중점이 있게 됩니다. 역으로 변화에 중점이 있게 하려고 진행형으로 표현합니다.

예문21은 변화를 나타낸, 변화에 중점이 있는 현재시제 진행상 문장입니다.

21-1] Your body temperature is falling.
21-2] The sound of crying is growing louder.
21-3] The universe is expanding.
21-4] Is your English getting better these days?
21-5] Today, environmental pollution is becoming more and more serious.
21-6] In Korea, the birth rate is decreasing at present.
21-7] The price of gasoline is steadily rising nowadays.
21-8] The working conditions of my company are gradually improving year after year.
21-9] He's beginning to love her.

21-1] 체온이 내리고 있어요. [21-2] 울음소리가 점점 커지고 있다. [21-3] 우주는 팽창하고 있다. [21-4] 요즘 영어가 늘고 있니? [21-5] 오늘날 환경오염이 갈수록 심각해지고 있다. [21-6] 한국은 현재 출생률이 줄고 있다. [21-7] 요즘 기름값이 꾸준히 오르고 있다. [21-8] 우리 회사의 작업 환경이 해마다 점차 좋아지고 있다. [21-9] 철수가 영희를 사랑하기 시작했어.

21-4] 변화의 의미를 내포한 동사도 these days와 같은 한시적인 시간 부사(구)와 잘 어울립니다. (these days는 구어적, nowadays는 문어적)

21-4~7] these days[nowadays], today, at present: 과거와 비교해 다른 '요즘, 오늘날, 현재'를 뜻합니다. 영원하지 않은, 언제고 상황이 변하고 마는 '한시적인 현상황'을 말합니다.

―| 약속을 왜 현재진행으로 나타낼까? (★★★ 매우 중요)

- I <u>am having</u> dinner with Betty tomorrow. [현재진행]
  내일 베티랑 저녁 먹기로 했어.

위 예문과 관련해 보통 문법책에 ▶ 현재진행이 ('tomorrow·next Tuesday'와 같은) 미래시간 부사(구)와 함께 쓰이면 '가까운 미래'를 나타낸다고 나옵니다.
◀ 어느 정도가 가까운 미래? 내일? 일주일 후? 한 달 후? 'next year, in two years'도 얼마든지 현재진행과 함께 쓰일 수 있는데, 내년이나 2년 후가 가까운 미래인가?

위 예문은 현재진행의 영역과 개념을 알지 못하면, 덮어놓고 암기할 수밖에 없습니다. 문법은 생각하며 받아들이는 것이지, 암기하며 집어넣는 것이 아닙니다. 발상 전환!

현재시제 진행상 영역

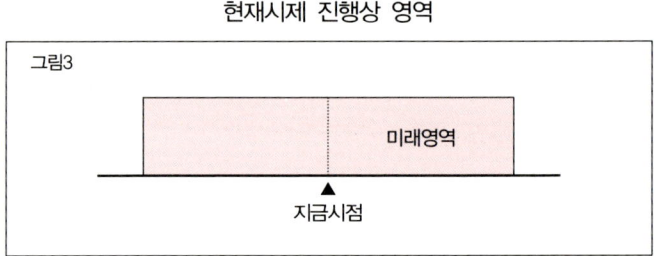

그림3을 보면 단번에 알 수 있듯이, 현재시제가 그렇듯이, 현재진행도 원래 미래를 포함합니다. 현재진행 영역에도 본래 미래 영역이 있습니다. 이는 곧 현재진행도 (현재시제와 마찬가지로) 본디 미래를 나타낸다는 뜻입니다. 확인해 보면,

한시적인 미래를 나타내는 현재진행

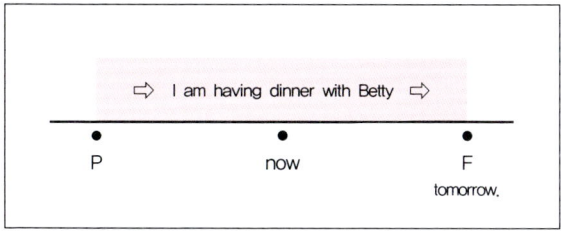

베티와의 약속은 과거에 했고, 내일로 끝납니다. 위 그림과 같이, PF로 시간이 한정되었습니다. 이렇게 PF로 시간이 한정되면 망설이지 말고 현재진행으로!

한시적인 미래: PF로 시간이 한정된 미래

- I <u>am having</u> dinner with Betty tomorrow. [현재진행]

위 예문은 현재진행으로 나타낼 것을 현재진행으로 나타낸 것입니다. 요컨대, 위 예문은 베티와의 약속이 PF로 시간이 한정된 한시적인 미래라 현재진행을 쓴 것입니다. 마땅히 현재진행으로 나타냅니다.

우리는 미래의 일을 미리 정하고, 시간을 한정하며 약속합니다. 즉, 약속은 '한시적인 예정'입니다. 강조합니다, 한시적인 예정은 '정해진 arranged' 미래로, 약속과 같은 '개인적인 예정'으로 풀이됩니다. ★ 현재시제의 절대적인 미래 〉공식적인 예정과 비교 ☞ p. 48

예문22는 미래시간 부사(구)와 함께, 약속과 같은 개인적인 예정을 – 한시적인 미래를 – 묻고 답한 현재시제 진행상 문장입니다. ★ 예문10과 비교 ☞ p. 50

배낭여행을 가는 영희에게 철수가 궁금한 것이 많은가 봅니다.

22-1] "Where <u>are</u> you <u>going</u>?" "Australia."
22-2] "When <u>are</u> you <u>leaving</u>?" "Next Tuesday."
22-3] "How long <u>are</u> you <u>staying</u>?" "For two weeks."
22-4] "<u>Are</u> you <u>travelling</u> by train?" "No. By bus."
22-5] "<u>Are</u> you <u>going</u> alone?" "No. With Betty."

22-1] "어디로 갈 예정이니?" "호주로." [22-2] "언제 떠날 예정이니?" "다음 주 화요일에." [22-3] "얼마 동안 머무니?" "2주 동안" [22-4] "기차로 여행하니?" "아니 버스로." [22-5] "혼자 가?" "아니, 베티랑."

22-6] "What are you doing <u>this evening</u>?"
 "I'm just staying at home and resting."
22-7] "Are you doing anything <u>tomorrow</u>?"
 "Yes, I'm seeing Betty for dinner. How about you?"
22-8] "Minho is coming."
22-9] "Aren't you working <u>next week</u>?" "No, I'm not."

22-6] "오늘 저녁에 뭐 하니?" "그냥 집에 있으면서 쉬기로 했어." [22-7] "내일 뭐 하니?" "응, 베티 만나서 저녁 먹기로 했어. 너는?" [22-8] "민호가 오기로 했어." [22-9] "다음 주에 일 안 해?" "응, 안 해."

22-6~9] 가까운 미래든 먼 미래든, 시간의 원근은 문법 자체가 나타낼 수 없습니다. 미래라는 시간 자체는 전적으로 ('this evening · tomorrow · next week'와 같은) 미래시간 부사(구)가 나타냅니다.

주의! 예문22는 개인적인 예정을 나타내려고 현재진행을 쓴 것이지, 한갓 가까운 미래를 나타내려고 쓴 것이 아닙니다. 다만, 개인적인 예정이다 보니 일상생활에서는 주로 비교적 가까운 미래로 예정 날짜를 잡을 뿐입니다.

* I'm seeing my dentist next Tuesday. 다음 주 화요일에 치과 가기로 했어.

주의! 개인적인 예정이라도, 경우에 따라서는 얼마든지 [먼 미래를 뜻하는 미래시간 부사(구)와 함께] 먼 미래로 예정 날짜를 잡을 수 있습니다. 가까운 미래든 먼 미래든, 단지 예정일 뿐입니다. 핵심은 개인적인 예정이지, 언제를 말하는 미래시간이 아닙니다.

* We're getting married next year[in three years].
  저희는 내년에[3년 후에] 결혼할 예정입니다. 〉 결혼하기로 했습니다.

유사한 표현으로 'be supposed to'가 있습니다.

"Can I see you tonight?" "오늘 저녁에 만날 수 있니?"

- "I'm supposed to have dinner with Betty."
  "베티랑 저녁 먹기로 되어 있어. 〉 저녁 먹기로 했어."
  – be supposed to: …을 하기로 되어 있다
  – 베티와 저녁 먹기로 약속했고, 약속을 지켜야 할 의무가 있다는 말
  　　선약이 있어 오늘 저녁에 만날 수 없다는 말로 들림
  예 You were supposed to be here an hour ago.
  　　너는 한 시간 전에 여기 있기로 되어 있었어. 〉 여기 왔어야지. (왜 안 왔니?)
  It's supposed to be sunny tomorrow.
  　　내일은 화창한 날이 될 거예요.

― | 불평을 왜 현재진행으로 나타낼까?

- He <u>is always losing</u> the key.

위 예문을 '그는 항상 열쇠를 잃어버리고 있다.'로 말 같지 않게 기계적으로 해석하면 안 됩니다. 말은 말같이, 감각적으로! 위 예문은 he가 못마땅해 "(어떻게 된 애가) 매번 열쇠를 잃어버리니." 이처럼 불평하는 말입니다.

앞서 강조했지만, 진행은 언제고 완료합니다. 즉, 진행의 속성은 완료입니다. 싫거나 안 좋은 일이 진행 중이면, 누구나 빨리 완료하길 바랍니다. 위 예문에는 '열쇠를 그만 좀 잃어버렸으면 좋겠어.'라는 바람이 들어 있습니다.

불평을 현재진행으로 하는 이유는 빨리 완료하기를 바라는 마음을 진행의 속성인 완료로 내보일 수 있기 때문입니다. 완료가 진행에게 빨리 완료하라고, 그만 좀 그러라고 재촉하는 듯합니다.

잠깐! he가 정말로 매번 열쇠를 잃어버릴까요? 말이 그렇다는 것이지, 실제로는 안 그럴 것입니다. 'always'를 써서 과장하는 이유는 불만을 내보이고, 불평을 강조하기 위해서입니다.

- He <u>is always smoking</u>.
  he는 맨날 담배 피워. (그만 좀 피웠으면 좋겠어.)

예문23은 과장의 부사와 함께, 불평·불만을 나타낸 현재시제 진행상 문장입니다.

23-1] This stupid computer <u>is always breaking</u> down.
23-2] He'<u>s always complaining</u> about the computer.
23-3] He'<u>s always speaking</u> ill of others.
23-4] She'<u>s always changing</u> her mind.
23-5] I'<u>m always forgetting</u> people's names.

   23-1] 이놈의 컴퓨터는 툭하면 고장이야. [23-2] he는 컴퓨터가 어떻다고 불평만 해요. [23-3] he는 입만 열면 다른 사람 험담만 해요. [23-4] she는 너무 변덕스러워요. [23-5] 번번이 사람들 이름을 잊어 먹는단 말이야.

과장의 부사에는 always 이외에 'continually·forever' 등이 있습니다.

23-6] My wife is <u>continually</u> telling the kids to study.
23-7] My husband is <u>continually</u> complaining
      that his boss gives him too much work.
23-8] They're <u>constantly</u> demanding higher salaries.
23-9] You're <u>forever</u> playing computer games.

   23-6] 아내는 하루도 거르지 않고 아이들한테 공부하라고 잔소리해요. [23-7] 남편은 사장이 자기한테 일을 너무 많이 시킨다고 노상 불평이에요. [23-8] 그들은 끊임없이 더 높은 임금을 요구해요. [23-9] 너는 허구한 날 컴퓨터 게임만 하는구나.

현재진행

―| 현재진행은 현재시제와 어떻게 다를까?

무엇이든 비교하면, 따로 있을 때보다 잘 보입니다. 이뿐이겠습니까? 보이지 않던 것도 보입니다.

예문24는 현재시제 문장[ⓐ] vs. 현재진행 문장[ⓑ]입니다.

> 개념

24-1-ⓐ] It <u>doesn't rain</u> here. 이곳은 비가 안 와요.
　　ⓑ] It'<u>s</u> not <u>raining</u> now. 지금은 비가 안 와요.

　ⓐ 사막이 떠오르는 말로 '기후'를 뜻합니다.
　　예] It's snowy in this area at this time of the year.
　　　이 지역은 해마다 이맘때면 눈이 온다.
　ⓑ 비가 오다가 그친 때에 할 수 있는 말로 '하루 날씨'를 뜻합니다.

24-2-ⓐ] I <u>live</u> in Seoul. 서울에 살아.
　　ⓑ] I'<u>m living</u> in Seoul at the moment.

　ⓐ 한 곳에 머물러 사는 '지속적인 거주'를 뜻합니다.
　ⓑ '지금은[요즘은]' 서울에서 살고 있다는 말입니다. '한시적인 체류'를 뜻합니다. 언제고 서울을 떠날 의향이 있는 사람들, 이를테면 서울로 유학 온 학생이나 서울에서 일하는 외국인 근로자가 한 말로 이해하면 됩니다.

24-3-ⓐ] She <u>teaches</u> Korean. she는 국어를 가르친다.

　　ⓑ] He'<u>s teaching</u> Korean for the moment.

ⓐ she는 국어 선생님이라는 말입니다.
ⓑ '당장은[한동안]' he가 국어를 가르치고 있다는 말입니다. 그럼 he는 국어 선생님일까요? 그렇지만은 않습니다. 국어 선생님이 병원에 입원 중이라 '이번만[당분간]' 다른 과목 선생님이 대신할 수 있습니다.

24-4-ⓐ] I <u>work</u> in the Seoul Hotel. 서울 호텔에서 근무해.
　　ⓑ] I'<u>m working</u> in a hotel. 호텔에서 일하고 있어.

ⓐ 생계를 위해 종사하는 일인 '직업[정규직]'을 뜻합니다.
ⓑ 얼마간 임의로 일하는 '아르바이트[임시직]'을 뜻합니다.
　▷ PF를 짧게 잡으면 '지금 호텔에서 일하고 있어. (끝나면 전화할게.)'로 해석됩니다. PF를 늘려 잡으면 '(마냥 놀 수 없고 해서) 요즘 호텔에서 일해.'로 해석됩니다.

24-5-ⓐ] <u>Do</u> you <u>work</u> here? 여기서 근무하나요?
　　ⓑ] <u>Are</u> you <u>working</u> here? 여기서 일하고 있나요?

ⓐ 상점에서 직원인지 손님인지 알 수 없는 사람에게는 이렇게 묻습니다. ⓑ로 묻지 않는 것이 좋습니다.
ⓑ 상황에 따라 "일하는 거예요, 노는 거예요?" 이런 말일 수 있습니다.
　▷ 'I work here but I'm not working now.'는 휴식 중인 직원이 한 말입니다.

24-6-ⓐ] She works hard.
ⓑ] You're working hard today.

ⓐ she는 성실한 사람이라는 말입니다.
▷ 'Does he smoke?'는 he가 흡연자냐는 말입니다.
ⓑ 상황에 따라 "오늘 열심히 일하는구나." 이처럼 긍정적으로 볼 수도 있고, "오늘은 열심히 일하네." 이처럼 부정적으로 볼 수도 있습니다.

24-7-ⓐ] The new copier works well.
ⓑ] The old copier is working well.

ⓐ 복사기가 별 탈 없이 작동이 잘된다는 말입니다. 현재시제는 '영속성/항구성'을 지니므로, 오래도록 고장이 안 날 것으로 보입니다.
ⓑ 복사기가 아직까지는 작동이 잘되고 있다는 말입니다. 현재진행은 '한시성'을 지니므로, 언제든 고장이 날 것으로 보입니다.

24-8-ⓐ] He cooks his own meals.
ⓑ] He's cooking his own meals.

ⓐ 평소에 he가 손수 밥한다는 말입니다. 자취하는 사람으로 보입니다.
  (= He always does it.)
ⓑ 이번엔 he가 직접 밥한다는 말입니다. 평소엔 잘 안 하는 사람입니다.
  (= He doesn't usually do it.)

24-9-ⓐ] I <u>love</u> you.

ⓑ] I'<u>m</u> (still) <u>loving</u> you.

ⓐ 세상이 두 쪽 나지 않는 한, 영원히 사랑한다는 말입니다.
▷ 'I have a love for you.'는 애절함이 느껴집니다. '당신을 사모합니다.'로 해석하면 좋을 듯합니다.

ⓑ 사랑이 (아직) 끝나지 않았음을 강조한 말입니다.

현상황

24-10-ⓐ] Water <u>boils</u> at 100℃.

ⓑ] Water <u>is boiling</u>.

ⓐ 물은 100도에서 끓는다는 사실을 서술하고 있습니다. (focus on facts)
ⓑ 물이 지금 끓고 있는 상황을 묘사하고 있습니다. (focus on situations)

24-11-ⓐ] Here <u>comes</u> the bus.

ⓑ] The bus <u>is coming</u>.

ⓐ 'The bus comes here.'에서 부사 'here'를 문두로 도치해 버스가 온다는 사실을 강조하고 있습니다.
예 There goes the last bus. 저기 버스 막차가 가 버리는 군.

ⓑ 지금 버스가 오고 있는 상황을 묘사하고 있습니다.

24-12-ⓐ] My left arm aches.

　　ⓑ] My left arm is aching.

ⓐ 왼팔이 쑤시는 상태에 있다는 말로 '평소 상태'를 뜻합니다.
ⓑ 왼팔이 쑤시는 고통을 느끼고 있다는 말로 '지금 상황'을 뜻합니다. (ⓐ는 왼팔에 지병이 있는 상태로 보이고, ⓑ는 왼팔을 다친 상황으로 보입니다.)

24-13-ⓐ] He doesn't have any free time. he는 여가 시간이 전혀 없다.

　　ⓑ] He's having a bad time. he는 곤경에 처해 있다.

ⓐ (언제까지 지속되는지 확언할 수 없는) '지속적인 현상태'를 뜻합니다.
ⓑ (지금[요즘] 상황을 말하는) '한시적인 현상황'을 뜻합니다.
　　예) I'm having a great time here in New York.
　　　　이곳 뉴욕에서 매우 즐거운 시간을 보내고 있다.

현재시제는 액면만 전달되지만, 현재진행은 현상황이 암시하는 내용도 전달됩니다.

24-14-ⓐ] They live in a small house.

　　ⓑ] They're living in a small house.

ⓐ "그들은 작은 집에 사는구나." 이처럼 사실만 전달됩니다.
ⓑ 현상황과 관련해, "그들은 비좁은 집에 살고 있어 생활하는 데 불편하겠다." 이러한 내용이 전달될 수 있습니다.
　　▷ "I'm living in Seoul."이 "나는 서울에서 살잖아. (집세도 비싸고 물가도 비싸서 생활비가 정말 많이 들어.)" 이렇게도 들립니다.

동작 · 행동 등

24-15-ⓐ] I see a movie twice a month.
　　 ⓑ] I'm seeing a lot of Betty these days.

ⓐ 반복적인 일로, '평소' 한 달에 두 번 영화를 본다는 말입니다.
ⓑ 한시적인 일로, '요즘' 베티를 자주 만난다는 말입니다.
　　 예] I'm hearing Prof. Park's lecture. 박 교수님의 강의를 수강하고 있다.

24-16-ⓐ] This candy tastes of strawberries.
　　 ⓑ] I'm tasting[smelling] the wine. 와인을 맛[냄새] 맡아 보고 있어.

ⓐ 딸기 맛이 나는 – 딸기 맛을 '소유한(of) 〉 함유한' – 사탕이라는 말입니다.
　　 예] The food tastes better than it looks. 음식이 보기보다 맛있네요.
ⓑ 일시적인 행동입니다. 이때의 행동은 다분히 '의지적'입니다.

24-17-ⓐ] "What do you think of this car?" "이 차 어떠니?"
　　　　 "I think it's good." "좋은데."
　　 ⓑ] "What are you thinking?" "무슨 생각하니?"
　　　　 "I'm thinking about the car." "그 차 생각해."

ⓐ 'What's your opinion? 네 의견이 무엇이냐?'의 뜻으로 물은 말입니다.
　　 예] How do you feel about my new hair style? 내 새 헤어스타일 어때?
ⓑ 'What thoughts are passing through your mind now? 지금 무슨 생각을 하고 있느냐?'의 뜻으로 물은 말입니다.

아래는 일시적일 수 있는 형용사입니다. 현재진행과 함께 쓰일 수 있습니다.

| kind | nice | polite | pleasant | careful |
| selfish | silly | funny | rude | unfair |

일시적일 수 있는 형용사

24-18-ⓐ] He's selfish.

ⓑ] He's being selfish.

ⓐ 언제나 이기적이라는 말로, he는 원래 이기적인 사람입니다. '지속적인 상태'를 뜻합니다. (= He's selfish generally, not only at the moment.)

예 He's sick. he는 아프다. (아픈 사람, 환자)

ⓑ 이번만 이기적이라는 말로, he는 본래 이기적인 사람이 아닙니다. '일시적인 행동'을 뜻합니다. (= He's just behaving selfishly at the moment.)

예 He's being sick. he는 토하고 있다.

변화

24-19-ⓐ] It's dark. 어둡다.

ⓑ] It's getting dark. 어두워진다.

ⓐ 어두운 '상태'를 뜻합니다. 예 I'm hungry. 배고프다.
ⓑ 어두워지고 있는 '변화'를 뜻합니다. 예 I'm getting hungry. 배고파진다.

24-20-ⓐ] The leaves <u>change</u> colour in autumn.
　　ⓑ] The leaves <u>are changing</u> colour these days.

ⓐ 잎은 가을에 색이 변한다는 사실을 말하고 있습니다.
ⓑ 요즘 단풍이 들고 있다는 변화를 말하고 있습니다.

약속 · 예정

24-21-ⓐ] My flight <u>leaves</u> in two hours, at five.
　　　　　비행기는 두 시간 후, 다섯 시에 출발합니다.

　　ⓑ] I<u>'m leaving</u> at five on the Sydney flight.
　　　　다섯 시에 시드니행 비행기를 타고 떠납니다.

ⓐ 절대적인 미래로, '고정된 fixed' 미래인 '공식적인 예정'을 뜻합니다.
ⓑ 한시적인 미래로, '정해진 arranged' 미래인 '개인적인 예정'을 뜻합니다.

24-22-ⓐ] I <u>go</u> there tomorrow. 내일 그곳에 간다.
　　ⓑ] "Hurry up, it's late!" "I<u>'m coming</u>."
　　　　"서둘러, 늦었어!" "곧 갈게요."

ⓐ 내일 그곳에 가는 일이 기정사실이라는 말입니다. (go를 강하게 발음하면 죽어도 내일 간다는 말로 들립니다. 현재시제의 절대적인 의지가 느껴집니다.)
ⓑ 가려고 이미 마음먹었다는 말입니다. (의지의 'be going to'와 관련된 문장입니다. 'go[come]'은 'be going to go[come]'으로 말하지 않고, 대개 'be going[coming]'으로 말합니다. ★ 의지의 be going to ☞ ❷ p. 48)
　　예 I'm tired. I'm going to bed now. Goodnight. 피곤하네. 지금 자러 가. 잘 자.

현재진행

불평·불만

24-23-ⓐ] He <u>always goes</u> to work by taxi.
　ⓑ] He'<u>s always going</u> to work by taxi.
　　he는 (돈 아깝게) 맨날 택시 타고 출근한단 말이야.

ⓐ 액면 그대로, he는 항상 택시 타고 출근한다는 말입니다.
　예) He always listens to K-pop in the morning.
　　he는 늘 아침마다 K-pop을 들어.
ⓑ he가 못마땅해 불평하는 말입니다.
　예) He's always listening to dance music in the morning.
　　he는 맨날 아침마다 댄스 음악을 듣는단 말이야. (시끄러워 죽겠어.)

현재진행이 과장의 always와 함께 '뜻밖의 일'을 나타낼 수 있습니다. 감정을 배제하고, 아래 예문을 비교해 보십시오.

24-24-ⓐ] I <u>always meet</u> Betty at the cafe.
　　그 카페에서 항상 베티를 만나.

　ⓑ] I'<u>m always meeting</u> Betty in the cafe.
　　그 카페에서 항상 베티를 만난다니까.

ⓐ 베티와 '정기적으로' 만나는 곳이 그 카페라는 말입니다.
　(= The cafe is our regular meeting place.)
ⓑ 그 카페에서 베티와 '뜻하지 않게, 우연히' 자주 마주친다는 말입니다.
　(= I often meet her there, but by chance.)

공손한 요청

24-25-ⓐ] I <u>wonder</u> if I could borrow your car.
차를 좀 빌릴 수 있을까요?

ⓑ] I'<u>m wondering</u> if I could borrow your car.
차를 빌릴 수 있는지 모르겠네요.

ⓐ 'I wonder if I ...'는 공손한 표현이고, 공손히 요청하는 말입니다.
(= I wonder if you could lend me your car. 차를 좀 빌려줄 수 있는지요?)
▷ 'Do you mind if I+현재형 동사 ...?': 조건문으로, 매우 공손한 표현입니다.
예 Do you mind if I <u>use</u> this computer? 이 컴퓨터를 써도 될까요?

('Do you mind if I ...?': 직역하면 '제가 컴퓨터를 쓰면 언짢거나 신경이 쓰이세요?'이고, 의역하면 '제가 컴퓨터를 써도 상관없으세요?'입니다. 상관없으면 "No."로 대답하고, 상관있으면 "Yes."로 대답합니다. "No."는 상관없으니 써도 된다는 말이고, "Yes."는 상관있으니 쓰면 안 된다는 말입니다.)

ⓑ '진행형[wondering]'을 쓰면, 더 공손한 표현이 되고, 더 공손히 요청하는 말이 됩니다. (= I'm wondering if you could lend me ... 차를 빌려주실 수 있는지 모르겠네요.)
▷ 'Would you mind if I+과거형 동사 ...?': 가정문으로, 최고로 공손한 표현입니다.
예 Would you mind if I <u>used</u> this computer? 이 컴퓨터를 써도 될는지요?

인사

24-26-ⓐ] How <u>are</u> you? 안녕하세요?

ⓑ] How <u>are</u> you <u>doing</u>? 어떻게 지내니?

ⓐ 정중한 인사말로, 안면 트는 사람끼리 합니다. (현상태를 물음)

ⓑ 어느 정도 예의를 갖춘 인사말로, 안면 튼 사람끼리 합니다. 초면에도 하는데, 아는 체하는 것 같아 친근감이 듭니다. (현상황을 물음)

현재진행

생각 더하기 10. 현재진행과 완곡한 표현

- I <u>look</u> forward to your visit. [현재시제]
  방문해 주시길 고대합니다.

- I <u>hope</u> (that) my car will be fixed by Friday.
  금요일까지 차를 수리해 주시길 바랍니다.

- <u>Do</u> you <u>want</u> an apple pie?
  애플파이 먹을래?

절대성을 지닌 현재시제, 위 예문은 직접적이며 확고하게 들립니다. 한시성을 지닌 현재진행, 아래 예문은 간접적이며 완곡하게 들립니다.

- I <u>am looking</u> forward to your visit. [현재진행]
  방문하실 날만 손꼽아 기다리고 있겠습니다.

- I <u>am hoping</u> (that) my car will be fixed …
  금요일까지 차를 수리해 주시겠어요.

- <u>Are</u> you <u>wanting</u> an apple pie?
  애플파이 줄까?

[want는 지속성을 지닌 상태동사라, 원칙적으로 진행형으로 쓰이지 않습니다. 다만, 위 예문과 같이 want가 완곡한 표현으로 쓰일 때는 진행형이 가능합니다.]

확고하게 말하고 싶으면 현재시제!
완곡하게 말하고 싶으면 현재진행!

현재진행

- ✓ 현상황
    - I'm driving now.
    I'm working part-time in a fast-food restaurant.

- ✓ 현상황+시간 부사(구)
    - You're working hard today.

- ✓ 한시적인/일시적인 동작·행동이나 상태
    - He's having dinner.

- ✓ 변화
    - Is your English getting better these days?

- ✓ 개인적인 예정
    - What are you doing this evening?

- ✓ 불평·불만
    - This stupid computer is always breaking down.

- ✓ 공손한 요청
    - I'm wondering if I could borrow your car.

- ✓ 완곡한 표현
    - I am looking forward to your visit.

17-1] 지금 운전하고 있어요.

....

17-2] "니콜 공부하고 있어요?" "아니요. TV 보고 있어요."

....

17-3] "애들은 뭐 하고 있어요?" "놀이터에서 공놀이하고 있어요."

....

17-4] 누구를 기다리고 있나요?

....

17-5] 저 사람들은 어디를 가고 있나요?

....

17-6] 우리는 같은 티셔츠를 입고 있어요.

....

17-7] 종이 울린다.

....

17-8] 지금은 이 복사기가 작동하지 않는다.

....

17-9] 더는 비 안 와.

....

생각문법

18-1] "요즘 나 패스트푸드점에서 아르바이트해. 너는?"

....

18-2] "수학 위주로 공부해. 너희 누나 뭐 하시니?"

....

18-3] "연애 소설 써."

....

18-4] "요즘 나 운전 배워."

....

18-5] "정말? 늘고 있니?" "응, 그런데 나한테는 어려워. 노력 중이야."

....

18-6] "실은 나 영국영어 공부할까 생각 중인데."

....

18-7] "신촌에서 살고 한국대학에서 공부해."

....

18-8] "무슨 과목을 듣니?" "2년 과정의 한국어를 들어."

....

18-9] "재미있니?" "응, 정말 재미있어."

....

현재진행

19-1] 너 오늘 열심히 일하는구나.

....

19-2] 요즘 운전 연습해.

....

19-3] 누나는 이번 달에/올해 다른 책을 써.

....

19-4] 이번 학기에 다섯 과목 들어.

....

19-5] he는 (부상으로) 이번 시즌을 뛰지 않아.

....

19-6] 김 선생님은 두 달 동안 뉴욕에서 일하세요.

....

19-7] 지금은 어디서 사세요?

....

19-8] 지금은 김 선생님이 서울에 살지 않습니다.

....

19-9] 지금은 엘리베이터가 작동하지 않습니다.

....

20-1] he는 저녁 먹고 있어.

....

20-2] 철수와 영희는 서로 사귀고 있어.

....

20-3] 와인을 맛보고 있어.

....

20-4] 정말 맛있어.

....

20-5] 어떤 과목을 들어야 할지 생각 중이야.

....

20-6] 베티를 조금씩 이해하고 있어요.

....

20-7] "오늘 기분이 어때?" "한결 나아."

....

20-8] she가 (오늘따라) 나한테 친절하게 대하네.

....

20-9] (왜 이렇게) 바보같이 구니.

....

현재진행

21-1]   체온이 내리고 있어요.

　　　　...

21-2]   울음소리가 점점 커지고 있다.

　　　　...

21-3]   우주는 팽창하고 있다.

　　　　...

21-4]   요즘 영어가 늘고 있니?

　　　　...

21-5]   오늘날 환경오염이 갈수록 심각해지고 있다.

　　　　...

21-6]   한국은 현재 출생률이 줄고 있다.

　　　　...

21-7]   요즘 기름값이 꾸준히 오르고 있다.

　　　　...

21-8]   우리 회사의 작업 환경이 해마다 점차 좋아지고 있다.

　　　　...

21-9]   철수가 영희를 사랑하기 시작했어.

　　　　...

22-1] "어디로 갈 예정이니?" "호주로."

22-2] "언제 떠날 예정이니?" "다음 주 화요일에."

22-3] "얼마 동안 머무니?" "2주 동안"

22-4] "기차로 여행하니?" "아니, 버스로."

22-5] "혼자 가?" "아니, 베티랑."

22-6] "오늘 저녁에 뭐 하니?" "그냥 집에 있으면서 쉬기로 했어."

22-7] "내일 뭐 하니?" "응, 베티 만나서 저녁 먹기로 했어. 너는?"

22-8] "민호가 오기로 했어."

22-9] "다음 주에 일 안 해?" "응, 안 해."

현재진행

23-1] 이놈의 컴퓨터는 툭하면 고장이야.

....

23-2] he는 컴퓨터가 어떻다고 불평만 해요.

....

23-3] he는 입만 열면 다른 사람 험담만 해요.

....

23-4] she는 너무 변덕스러워요.

....

23-5] 번번이 사람들 이름을 잊어 먹는단 말이야.

....

23-6] 아내는 하루도 거르지 않고 아이들한테 공부하라고 잔소리해요.

....

23-7] 남편은 사장이 자기한테 일을 많이 시킨다고 노상 불평이에요.

....

23-8] 그들은 끊임없이 더 높은 임금을 요구해요.

....

23-9] 너는 허구한 날 컴퓨터 게임만 하는구나.

....

Unit 4

현재시제 완료상
The Present Tense – Perfect Aspect

    학생 대부분이 현재완료를 공부하면서 현재에는 관심이 별로 없고, 끝마침을 뜻하는 완료에만 잔뜩 신경을 씁니다. 이 점이 현재완료를 과거시제처럼 생각하게 하고, 현상태를 과거사로 여기게 합니다.

    현재완료 형태는 'have[has]+p.p.'입니다. 아래 예문을 비교해 보십시오. ('have[has]+p.p.': 이하 'have+p.p.')

- I am travelling ...
  - am: 현재시제 / travelling: 진행상

- I have travelled ...
  - have: 현재시제 / travelled: 완료상

    (현재시제를 'am'으로, be동사로 표현하는 현재진행과 달리) **현재완료는 현재시제를 'have'로 표현합니다.** 너무나도 궁금합니다. 왜, 무엇을 의미하기에 have동사로 표현할까요?

현재시제 완료상

개념 잡기

have동사는 be동사와 함께 대표적인 '상태동사'입니다.
'가지고 있다', 즉 '소유상태'를 의미합니다.
('가지다'는 동작동사 'take'입니다.)

have의 현재완료

have동사는 보통 단어가 아닙니다.
영어가 어떤 언어인가를 말해주는 특별한, 상징적인 단어입니다.
현재완료에 have동사가 별 뜻 없이 쓰인 것이 아닐 터,
have동사가 먼저 눈에 들어와야 합니다.

〉 경험

- I <u>have a ticket</u> to Sydney. 시드니행 티켓을 가지고 있어. 〉 티켓이 있어.

'have a ticket'은 'a ticket을 have한 현상태', 액면 그대로 '티켓을 가지고 있다'는 말입니다. 아래 예문도 마찬가지입니다.

- I <u>have travelled</u> around Australia. 호주를 여기저기 여행했어.
  - travelled: 완료한 travel, '여행한'
  - have travelled: '여행한 일을 가지고 있다' ('have a ticket'과 의미구조가 같음)

'have travelled'는 travelled를 have한 – 여행한 일을 소유한 – 현상태, 글자 그대로 '여행한 일을 가지고 있다'는 말입니다. 이는 '여행해 보았거나 여행한 적이 있다'는 의미입니다. 바로 '경험'을 뜻합니다. have의 현재완료, 강조합니다, 영어에서 경험은 (존재 개념이 아닌) '소유 개념'입니다. 확실히 하면,

- I <u>have been</u> to Australia. 호주에 갔다 왔어.
  - been: 완료한 be, '존재한'

been을 have한 현상태인 'have been'은 '존재한 일을 가지고 있다'는 말이고, 있어 보았거나 있은 적이 있다는, 즉 '갔다 온 경험이 있다'는 의미입니다. (I went to Australia and returned.)

경험은 여러 번 할 수도 있고, 한 번도 못 할 수도 있습니다.

현재완료

예문25는 횟수를 뜻하는 부사(구)와 함께, 경험을 나타낸 현재시제 완료상 문장입니다.

영희가 한국에 유학 온 Betty에게 이것저것 물어봅니다.

25-1] "Have you travelled abroad a lot, Betty?"
"Yes, I've been to lots of countries." (I've = I have)

25-2] "Have you ever been to China?"
"Yes, I've been to China twice."
"Did you visit the Great Wall?"
"Yes, I did. That was incredible!"

25-3] "What about Japan?"
"No, I haven't been there."

25-1] "베티야, 외국 여행 많이 가 봤니?" "응, 많은 나라에 가 봤어." [25-2] "중국에 가 봤니?" "응, 두 번 가 봤어." "만리장성에 갔었니?" "응, 갔었어. 굉장했었어." [25-3] "그럼 일본은?" "아직 못 가 봤어."

25-2] 이때의 ever는 '과거 어느 때고, 한 번이라도 at any time in the past'라는 뜻의 부사입니다. 경험을 물을 때는 ever를 보통 씁니다.

주의! 현재완료로 말하고 나면, 이어지는 내용은 과거에 일어난 일임이 분명해집니다. 이것이 만리장성에 간 일을 과거시제로 묻고 답한 이유입니다.

* "Have you seen Betty?" "Yes, I have."
    "베티 봤니?" "응, 봤어."
"Where did you see her?" "She was here a minute ago."
    "어디서 봤니?" "방금 여기 있었어."

생각문법

25-4] "Have you ever eaten Kimchi?"
"Yes, I've eaten it once."

25-5] "Have you met Cheolsu?"
"No, I've never met him."

25-6] "Have you driven a car in Korea?"
"Yes, I have. / No, I haven't."

25-4] "김치 먹어 봤니?" "응, 한 번 먹어 봤어." [25-5] "철수 만난 적 있니?" "아니, 한 번도 만난 적 없어." [25-6] "한국에서 운전해 본 적 있니?" "응, 있어. / 아니, 없어."

경험에는 순서를 매길 수도 있습니다.

25-7] This is the third time (that) I've been in Jeju.
25-8] Is this the second time you've had a car accident?
25-9] "Have you ridden a horse before?"
"No. This is the first time I've ridden a horse."

25-7] 제주에 온 게 이번이 세 번째야. [25-8] 교통사고를 당한 게 이번이 두 번째니? [25-9] "전에 말 타 본 적 있니?" "아니, 말 타 본 게 이번이 처음이야."

25-9] 이때의 before는 '막연한 과거'를 나타냅니다. ★ before ☞ p. 104

현재완료

25-10] That's the first letter (that) I've had in two months.
25-11] This is the fifth beer I've drunk in the evening.
25-12] This is the only holiday I've ever really enjoyed.
25-13] It's one of the most interesting films I've ever seen.
25-14] Thinking Grammar is one of the best English grammar books I've ever read (in my life).

25-10] 그것이 두 달 만에 내가 받은 첫 편지다. [25-11] 오늘 저녁에 내가 마신 맥주가 이것이 다섯 병째다. [25-12] 내가 정말 즐겁게 보낸 휴가는 이번뿐이다. [25-13] 그것은 내가 본 가장 재미있는 영화 중 하나다. [25-14] 생각문법은 내가 읽은 최고의 영문법 책 중 하나다.

25-12~14] 이때의 ever는 앞선 최상급(only/most/best)의 의미를 강조합니다. 이 경우가 아니면, 현재완료 문장에서 ever는 긍정문에는 쓰이지 않습니다. 의문문에만 쓰입니다.

예 Have you ever tried Vietnamese food?
베트남 음식을 먹어본 적이 있나요?

영미인은 개인 중심의 세계관을 갖고 있고, 개인 중심의 사회에서 살고 있습니다. 자기중심적이고 자의식이 강합니다. 자의식이 강한 만큼 소유욕도 강합니다. 이 점은 고스란히 언어에 반영되고, 문법으로 나타나고, 소유 중심으로 표현합니다.

국어는 '존재 중심'의 언어입니다. 이와 달리 영어는 '소유 중심'의 언어입니다. 이를 대변하듯 현재완료에 have를 쓰고, 경험을 have로 나타냅니다. 영어가 어떤 언어인지 일면을 보여 줍니다.
* 아들이 있어. [존재 중심] − I have a son. [소유 중심]
(식당에서) 콜라 있어요? − Can I have a coke?
중국에 가 본 적 있니? − Have you ever been to China?

> **현재완료의 영역과 개념**

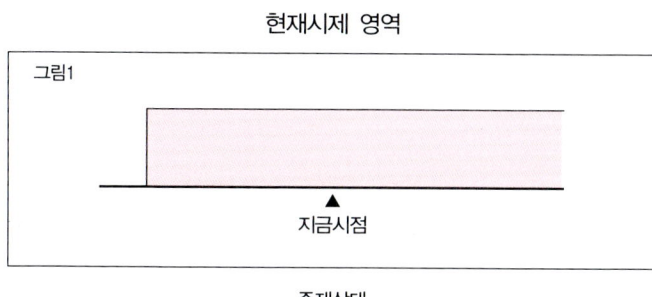

그림1에 완료상이 결합하면, 완료상은 이미 끝난, 더는 진행하지 않는 일이므로, (지금시점과 미래영역을 포함하지 않는) 그림4가 됩니다.

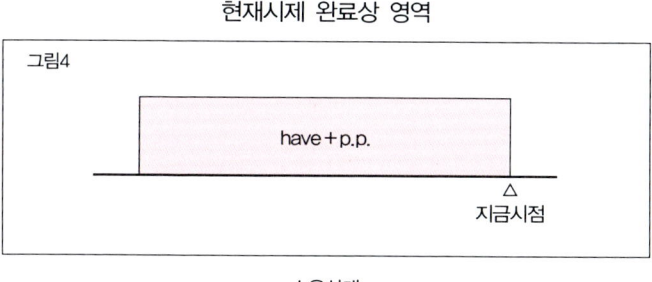

현재시제에 완료상이 결합한 '현재시제 완료상', 그림4가 보여주듯이, 현재완료 영역은 '과거시점부터 지금시점 미만[△]'입니다. 확인해 보면,

- I <u>have travelled</u> around Australia. / I <u>have been</u> to Australia.

(have동사를 인식하기 위해 먼저 살펴본) 경험을 의미하는 위 예문은 시간적으로 '지금시점 미만'의 일입니다. 그림4를 완벽하게 나타냅니다. 위 예문은 '<u>지금껏</u>' 경험한 일입니다. 방금 "지금껏"이라고 했습니다. (지금껏: 지금에 이르기까지)

경험을 시간적으로 말하면, '지금에 이르는 동안의 일'입니다. 경험으로 대표되는 '(과거 어느 한 시점부터) 지금에 이르는 동안의 일' 이것이 현재완료의 첫 번째 개념입니다.

> 개념1 ■ 지금에 이르는 동안의 일
> — 현재완료 용법: 경험

예문26은 기간을 뜻하는 시간 부사(구)와 함께, 지금에 이르는 동안의 일을 나타낸 현재시제 완료상 문장입니다.

26-1] You'<u>ve solved</u> only two problems so far.
26-2] <u>Have</u> you <u>heard</u> from him recently?
26-3] <u>Have</u> you <u>had</u> a chance to go abroad this year?
26-4] I'<u>ve met</u> a lot of foreigners in the last few days.
26-5] I'<u>ve been</u> really busy lately.

26-1] 여태 두 문제밖에 못 풀었구나. [26-2] 최근에 그 사람한테서 소식이 있었나요? [26-3] 올해 외국에 나갈 기회가 있었나요? [26-4] 지난 며칠간 많은 외국인을 만났어요. [26-5] 요즘 정말 바빴어요.

26–1] 지금까지: so far, up to now, until now

26–2] hear from: …에게서 소식이나 연락이 있다 / hear of: …에 대해 들어 알고 있다 – 장소나 음식을 아느냐고 물을 때는 ('Do you know …?'보다는) 보통 'Have you ever heard of …?'를 씁니다.

> 예 I've often heard of him. 그 사람 이야기는 자주 들었습니다.
> Have you ever heard of Jeonju[Bibimbap]? 전주를[비빔밥을] 아세요?

26–6] I've drunk three cups of green tea <u>today</u>.
26–7] I've written two letters <u>this morning</u>.
26–8] We've had a lot of rain <u>this summer</u>.
26–9] My grandfather has farmed here <u>all his life</u>.

26–6] 오늘 녹차 세 잔 마셨어. [26–7] 오늘 아침에 편지 두 통을 썼어. [26–8] 올 여름은 비가 많이 왔다. [26–9] 할아버지께서는 평생 여기서 농사를 지으셨다.

26–6] 오늘이 안 지난 시점에서 한 말입니다. 오늘이 지나면 과거시제를 써야 합니다. 다른 예문도 마찬가지입니다.

주의! 현재 시각 4시 12분. 시계를 보며 "4시 12분까지 녹차 세 잔 마셨어." 이처럼 말하는 사람은 없습니다. 너무 번거롭기 때문에, 편의상 "오늘 녹차 …" 이렇게 말합니다. 중요한 점은 오늘의 실제 의미가 '지금에 이르는 동안'이라는 것입니다. 26–6은 '지금껏' 마신 녹차가 세 잔이라는 말이지, 하루 24시간 동안 마신 녹차가 세 잔이라는 말이 아닙니다. 다른 예문도 마찬가지!

주의! 예문26의 시간 부사(구)는 예문19의 시간 부사(구)와 성격이 다릅니다. 구별해야겠습니다. ★ 현재진행과 시간 부사(구) ☞ p. 139

현재시제 완료상

내 것으로 만들기

세상일이 과거에서 멈추라는 법도 없고,
과거로 끝나라는 법도 없습니다.

지금에 이르는 동안 한[일어난] 일에는 과거에서 멈추지 않고 지금에 이른 일도 있습니다. '(과거 어느 한 시점부터) 지금에 이른 일' 이것이 현재완료의 두 번째 개념입니다.

개념2 ■ 지금에 이른 일
— 현재완료 용법: 지속, 현상태

지금에 이른 일에는 '지속'과 '현상태'가 있습니다.

지속
현상태
　└ 완료 후의 현상태
　└ 결과적인 현상태

현상태는 다시 '완료 후의 현상태'와 '결과적인 현상태'로 나뉩니다. 자, 그럼 지속부터 살펴보겠습니다.

[보통 문법책에 현재완료의 '계속 용법'이 나오는데, 현재완료에는 계속보다 지속이라는 말이 더 잘 어울립니다. (지속: 어떤 상태가 오래 계속되거나 어떤 상태를 오래 계속함) 이유는 have의 현재완료고, have가 상태동사이기 때문입니다.]

[보통 문법책에 현재완료가 지금시점 미만의 일을 나타낸다고 나옵니다. 하지만 이 말은 현재완료를 시간적으로 본 것입니다. (지금과 단절된 과거시제도 지금시점 미만의 일을 나타냅니다.) 차차 밝혀지겠지만, 현재완료는 과거가 지금과 연관이 있습니다. 지금과 단절되지 않았으므로, 개념을 반영해 '이르다'로 표현해야 합니다. 개념적으로 보고 현재완료가 '지금에 이르는 동안의 일'과 '지금에 이른 일'을 나타낸다고 해야 합니다. 현재완료는 과거시제와 확연히 다르므로, 확실히 구별할 필요가 있습니다.]

> 지속

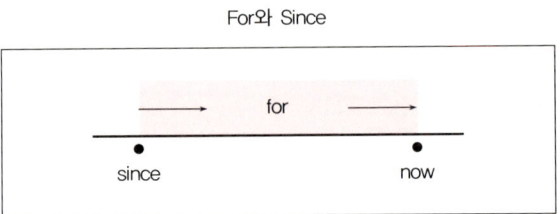

얼마 동안(기간) 지속되었는지는 'for'를 써서 나타내고, 언제부터 (시작 시점) 지속되었는지는 'since'를 써서 나타냅니다.

예문27은 지금껏 지속된, 지금에 이르기까지 내내 한[일어난] 일을 나타낸 현재시제 완료상 문장입니다.

27-1] He's worked here (for) ten years. (he's = he has)
27-2] I've lived in Seoul since 2002.

27-1] he는 10년을 (내내) 여기서 일했다. [27-2] 2002년 이후로 (줄곧) 서울에 살았다.

27-1] for + 기간: 현재완료와 함께 쓰인 'for ten years'는 지금껏 10년 동안 이니, '10년 전부터'라는 뜻도 됩니다. (긍정문에서 for는 생략 가능)

27-2] since + 시작 시점 (since 2002 = from 2002 until now 2002년부터 지금까지)

지속의 의미는 상태동사일 때, 상태는 본질적으로 지속성을 지니므로, 두드러집니다. (상태동사 진행형 불가 ☞ p. 38)

27-3] How long <u>have</u> you <u>been</u> here?
27-4] That house <u>has been</u> empty for the last few days.
27-5] It'<u>s belonged</u> to us for many years. (it's = it has)
27-6] I'<u>ve</u> always <u>wanted</u> to go abroad for a long time.
27-7] He'<u>s had</u> his own car ever since last year.
27-8] We'<u>ve known</u> each other well since childhood.
27-9] She'<u>s loved</u> singing since she was a child.

27-3] 이곳에 얼마 동안 있었나요? (있은 지 얼마나 되었나요?) [27-4] 저 집은 지난 며칠 동안 비어 있었다. (비어 있은 지 며칠이 지났다.) [27-5] 그것은 지난 수년간 우리 것이었다. [27-6] 오래 전부터 늘 외국에 나가고 싶었다. [27-7] he는 작년 이후로 쭉 자기 차가 있었다. [27-8] 우리는 어릴 적부터 서로 잘 아는 사이. [27-9] she는 어렸을 때부터 노래 부르는 것을 무척 좋아했다.

27-7] ever since = all the time since

27-9] 이때의 since는 접속사입니다. (27-2/7/8의 since는 전치사)

주의! since는 지속되기 시작한 시점을 뜻하므로, since 다음에 기간을 뜻하는 말이 오면 안 됩니다. 같은 이유로 과거시제와 어울릴 수 없습니다.

* NOT ... since <u>ten years</u>.
* NOT That house <u>was</u> empty since yesterday.

주의! when은 과거시점을 묻는 말이므로, 'Since when ...?'은 과거시제와 잘 어울립니다. * Since when <u>did</u> you <u>start</u> learning English? 언제부터 영어를 배웠니?

현재완료

> **생각 더하기** 11. 10년 동안, 10년 전부터

- I <u>have driven</u> for ten years.
    (= I started driving ten years ago.) 10년 동안 운전했다.

    Ten years <u>have passed</u> since I began to drive.
    (= It has been ten years since I began …)
    운전한 지 10년이 지났다[되었다].
    – 기간이 주어, 기간이 보다 명료하게 들림

- I <u>haven't</u> <u>seen</u> Ella for two months.
    (= The last time I saw Ella was two months ago.)
    두 달 전부터 엘라를 보지 못했다.

    Two months <u>have passed</u> since I last saw Ella.
    (= It has been two months since I last saw …)
    엘라를 마지막으로 본 지 두 달이 지났다[되었다].

['It has been … since …'는 격식적인 표현입니다. 현재시제를 써서 'It is … since …'로도 표현할 수 있습니다.]

> **생각 더하기** 12. since와 ago

① I've worked here <u>since</u> ten years <u>ago</u>.

'10년 전부터'라는 말을, ①과 같이 since와 ago를 함께 쓸 수 있을까요? 영미인은 더러 함께 쓴다고 합니다. 하지만 since는 전치사고, ago는 부사입니다. 문법적으로 부사는 전치사의 목적어가 될 수 없습니다.

27-1에서 부연했지만, 'for ten years'가 현재완료와 함께 쓰이면 (지금껏 10년 동안이니) '10년 전부터'라는 뜻도 됩니다. 의미가 온전히 전달되니, ②와 같이 쓰는 것이 바람직합니다. (어법사전에도 문법원서에도, ②와 같이 쓰라고 나옵니다.)

② I've worked here <u>for ten years</u>.
　　[= Ten years have passed since I worked here. /
　　It has been ten years since I worked here.]

생각 더하기　　13. 'in the last few days'와 'for the last few days'

26-4] I've met a lot of foreigners <u>in</u> the last few days.

시간의 in은 '시간의 경과'를 – 무얼 하는 데 소요되는 시간을 – 나타냅니다. 위 예문을 직역하면, '많은 외국인을 만나는 데 며칠 걸렸다, 며칠 걸려 많은 외국인을 만났다.' 입니다. (의역: 지난 며칠간 많은 외국인을 만났어요.)

27-4] That house has been empty <u>for</u> the last few days.

기간을 뜻하는 for에는 '내내'라는 뉘앙스가 있습니다. 지속의 'has been'과 잘 어울립니다.

he는 10년 동안 '지금껏' 일했습니다. 그럼 지금도 일할까요? 보통 문법책에 나오는 계속 용법 때문인지, 지금도 일한다고 대답하는 것 같습니다. 'He has worked for ten years.'는 '며칠 전에 일을 그만둔' he를 보고도 할 수 있는 말입니다. 지금껏 일했다고 말할 때는 지금도 일하는지를 염두에 두지 않습니다. 그다지 관심이 없습니다. 지속의 현재완료는 '언제부터, 얼마동안'에 중점이 있습니다.

he가 지금도 일하면, 그것은 상황이나 문맥이 알려 준 것입니다. 지금도 일하는지는 상황이나 문맥의 문제로, 상황이나 문맥이 주어지지 않으면 지금도 일하는지, 안 하는지 단정할 수 없습니다.

현재완료는 '미래를 등지고, 과거 쪽을 바라보고 있는' 시제 형식입니다. 과거 쪽을 바라보고 있으므로, 지금도 일하는지는 문제 삼지 않습니다. 미래를 등지고 있으므로, 앞으로도 일하는지는 더더욱 문제 삼지 않습니다. 현재완료 영역은 엄연히 지금시점 미만입니다.

'He has been working for ten years.' – he가 지금도 일한다고 확실히 말하고 싶으면, 이렇게 '현재완료진행'을 씁니다.

시제 형식과 부사는 밀접한 관련이 있습니다. 현재완료 문장에 자주 나오는 부사가 있습니다. 바로, 'already'와 'yet'입니다. 먼저 살펴보고 넘어가겠습니다.

〉 already vs. yet

[already는 긍정문·의문문에 쓰입니다. yet은 부정문에도, 모든 문장에 쓰입니다.]

■ **긍정문의 already** (이미, 벌써)

긍정문의 already는 어떤 일이 '[이미] 지금 이전에 일어났을 때' 씁니다. 또는, '[벌써] 생각보다 일찍 일어났을 때' 씁니다.

- "Let's have lunch together."
  "No, thanks. I've <u>already</u> had."
  "같이 점심 먹자." "난 됐어. 이미 먹었어."

- "When is she leaving?"
  "She's <u>already</u> left."
  "she는 언제 떠나니?" "벌써 떠났어."

한편, '[벌써] 예상하지 못한 일이 일어났을 때' 문미에 위치해 놀람을 나타냅니다.

- He's finished it <u>already</u>. It's amazing.
  he가 벌써 그것을 끝내다니. 놀라운데.
  예 Have you been there already? (놀라며) 벌써 그곳에 도착했다고?
  − 문미에 위치하지 않은 경우와 비교
  예 He's already finished it.
  he는 (생각보다 일찍) 그것을 벌써 끝냈어.
  Have you already been there? [확인 의문문]
  그곳에 이미 도착했지?

현재완료

■ **부정문의 yet** (아직), **긍정문의 yet** (그래도 아직은)

부정문의 yet은 어떤 일이 '[아직] 지금까지 일어나지 않았을 때' 씁니다. (문미에 위치)

- "Are you all ready?" "No, not yet."
  "준비 다 됐니?" "아니, 아직 안 됐어."

긍정문의 yet은 불확실을 의미하는 may나 could와 함께, 어떤 일이 '[그래도 아직은] 일어날 가능성이 남아 있을 때' 씁니다.

- We may win yet.
  (이길 것 같지는 않지만) 그래도 아직은 우리가 이길지도 몰라.
  예 The plan could yet succeed.
  그 계획은 (성공할 것 같지는 않지만) 그래도 아직은 성공할지도 모릅니다.

■ **의문문의 yet** (아직)

의문문의 yet은 '지금쯤이면 일어났으리라 짐작되는' 어떤 일이 '[이제는, 지금은] 실제로 지금까지 일어났는지를 물을 때' 씁니다.

- Have you seen the movie "Avatar" yet?
  (내 주변 사람들은 다 봤던데) 지금껏 너는 아바타 아직이니? 〉 아바타 아직 못 봤니?

주의! 의문문의 yet은 "지금껏 ... 아직이니?" 이런 말! '이제는, 지금은'으로 의역되기도 합니다. 상황에 안 맞으니, '이미, 벌써'로 해석하지 마십시오.

  * Has it stopped raining yet?
    (그칠 때가 된 것 같은데) 비 그침이 아직인가요? 〉 이제는 비가 그쳤나요?

■ 의문문의 already

영희가 베티에게, 아래 예문과 같이 물었습니다. 비교해 보면,

① Have you met Prof. Park <u>yet</u>? [일반 의문문]
   박 교수님과의 만남이 아직이니? 〉 박 교수님을 만나 봤니?

② Have you <u>already</u> met Prof. Park? [확인 의문문]
   박 교수님을 (이미) 만나 <u>봤지</u>?

①은 짐작할 뿐입니다. 베티가 박 교수님을 만났는지, 영희가 정말로 몰라서 물은 말입니다. 베티가 yes로 대답할지 no로 대답할지 영희는 모르고 있습니다.

②는 베티가 박 교수님을 이미 만난 것으로 영희가 알고, '확인차' 물은 말입니다. (She expects Betty has already met Prof. Park.) 베티가 yes로 대답할 것으로 영희는 기대하고 있습니다.

already는 의문문에서도 문미에 위치해 놀람을 나타냅니다.

- Have you eaten all that food <u>already</u>? That's quick!
  저 음식을 벌써 다 먹었다고? 〉 벌써 다 먹었다니. 정말 빠르네.

- My goodness! Has he come back home <u>already</u>?
  어머나. he가 벌써 집에 돌아왔다고? (정말이야?)

현재완료로 되돌아가겠습니다.

― | 현재완료는 과연 지금 끝마쳤다는 의미일까?

- I <u>finished</u> my homework 2 hours ago. [과거시제]
  2시간 전에 피자를 먹었다.

과거시제 문장인 위 예문은 '2시간 전'이라는 '숙제를 끝마친 시점'이 중요합니다. 하지만 현재완료 문장은 사뭇 다릅니다.

- I <u>have finished</u> my homework. [현재완료]
  숙제 다했어요.
  – 동사구: have(현재동사) + finished(완료분사)

위 예문과 관련해 보통 문법책에 ▶ 현재완료가 동작·행동의 완료를 나타낸다고 나옵니다. "현재완료의 완료 용법"이라며 말입니다. ◀ 이런 말을 들으니까 finished만 눈에 들어오고, have는 눈에 들어오지 않는 것입니다. 끝마침을 뜻하는 완료가 지나치게 부각되어, 현재완료를 과거시제처럼 생각하는 것입니다. 현재완료는 과거로 끝난 일만 나타내는, 그리 단순한 시제 형식이 아닙니다.

위 동사구에는 finished만 있지 않습니다. have도 있다는 것입니다. 현재완료가 완료만 나타내지 않는다는 말입니다.

have는 현재동사고, 현재시제입니다. 또한, have는 상태동사입니다. 따라서는 have는 '현재 상태', 즉 '현상태'를 뜻합니다. 요컨대, 'have+p.p.'는 글자 그대로 '완료한 일을 소유한 현상태'라는 말입니다.

〉 완료 후의 현상태

'have+p.p.', '완료한 일을 소유한 현상태', 이는 곧 '완료 후의 현상태'를 뜻합니다.

- I <u>have finished</u> my homework.
  숙제를 끝마친 상태다. 〉 숙제를 다했다. (이제 좀 쉬어야겠다.)

위 예문은 (단지 과거시제 문장처럼, '숙제를 끝마쳤다.'라는 말이 아닙니다.) 상태동사 'have'가 있으므로, '숙제를 끝마친 상태'에 관한 말로 강조합니다. '숙제를 끝마친 후의 현상태'를 뜻합니다.

요컨대, '숙제를 끝내 홀가분하다.' 또는 '밖에 나가 놀 수 있다.' 또는 '이제 좀 쉬어야겠다.' 이런 말을 하고 싶은 것입니다. have의 현재완료! 현상태의 현재완료! 정작 하고 싶은 말 완료한 일보다 현상태입니다. 확실히 하면,

- He <u>has stopped</u> smoking.
  철수는 담배를 끊은 상태다. 〉 담배를 끊었다. 〉 철수한테서 담배 냄새가 안 나.

(영희가 철수에게 자기랑 사귀려면 담배를 끊어야 한다고 했더니, 철수가 단번에 끊었습니다.) 위 예문은 '담배를 끊은 상태'에 관한 말로, '담배를 끊은 후의 현상태'를 뜻합니다. 즉, "이제는 담배 냄새가 안 나." "정말 독하지 않니?", "요즘 얼굴이 환해졌어.", "담배 피우자고 하면 안 돼!" 이런 말을 하고 싶은 것이고, 이런 말을 하려고 현재완료로 표현한 것입니다.

'지금 어떻다'
완료 후의 현상태

과거가 과거로 끝나지 않고 지금에 이르렀으면, 이는 중점이 완료한 일에 있지 않고, 현상태에 있다는 의미입니다. 현재완료는 현상태에 중점이 있습니다. '완료 후의 현상태'를 나타냅니다. 현재완료는 한마디로, '지금 어떻다.'입니다.

> 'He has stopped smoking.'에서, 정작 하고 싶은 말은 '담배를 끊었다.'라는 완료한 일이 아니라, '담배 냄새 안 나.'와 같은 현상태 '지금 어떻다'입니다. 더는 완료한 일에 얽매이지 마십시오.

> 끝마침이라는 완료의 사전적인 의미 때문에 현재완료를 과거시제처럼 생각하기 쉽습니다. 현재완료는 과거시제와 완전히 다릅니다. 문법에서 완료는 '더는 진행하지 않음'의 뜻으로 진행의 상대적인 말입니다. 상적인 의미지 시제적인 의미가 아닙니다. 완료한 일은 더는 진행하지 않는 일! 과거 시제의 '지난 일'과 구별해야겠습니다.

> 보통 문법책은 '완료 용법'이라며 완료에 중점을 둡니다. 한번 생각해 보십시오. 완료에 중점을 두려면 과거시제로 나타내는 편이 낫지 않을까요? 과거시제가 완료의 의미를 더 잘 전달하지 않을까요? 공교롭게도 'finish'나 'stop'과 같은 동사가 끝마침을 뜻하다 보니 완료의 의미가 부각되어 완료에 중점이 있는 것으로 오인하기 쉽습니다. have의 현재완료, 어디까지나 현상태에 중점이 있습니다.

예문28은 지금에 이른, 완료 후의 현상태를 나타낸 현재시제 완료상 문장입니다. ★ 예문16과 비교 ☞ p. 102

[현재완료가 현상태를 나타낸다는 말은 곧 현재완료 문장에 현상태를 나타내는 현재시제 문장이 내포되어 있다는 뜻입니다. (괄호 안에 넣음)]

28-1] Mr. Kim <u>has</u> just <u>arrived</u>. (He's here.)
28-2] Mr. Kim <u>has gone</u> to New York. (He's not here.)
28-3] I'<u>ve</u> already <u>finished</u> it. (I have nothing left to do.)
28-4] I <u>haven't</u> <u>finished</u> it yet. (I have something left to do.)

28-1] 김 선생님이 방금 도착했다. (여기에 있다.) [28-2] 김 선생님은 뉴욕에 갔다. (여기에 없다.) [28-3] 그것을 벌써 끝냈다. (할 일이 남지 않았다.) [28-4] 그것을 아직 끝내지 못했다. (할 일이 남았다.)

28-1] just가 '방금 a short time ago'의 뜻일 때, 영국영어는 현재완료와 함께 쓰고, 미국영어는 과거시제와 함께 씁니다.

예 "Where's Betty?" "베티 어딨어?"
영 "She'<u>s</u> just <u>gone</u> out." "방금 나갔어." / 미 "She just <u>went</u> out."

단, 'just now'는 영미 모두 과거시제와 함께 씁니다.

예 "She went out just now." "지금 막 나갔어."

28-2] have gone to: 어디로 갔다 (여기 없다)
have been to: 어디에 존재한 적이 있다 > 갔다 왔다

▶ have gone: 이동에 중점, 이동한 장소나 방향을 염두에 두고 말할 때 씁니다.
예 Nobody knows where she has gone. she가 어디로 갔는지 아무도 모른다.

▶ be gone: 부재에 중점, 이제 여기에 없다고 말할 때 씁니다.
예 My car was gone when I came back. 돌아와 보니 차가 없어졌다.

28-5] Spring has come. (It's spring.)

28-6] The temperature has fallen below zero.
(The temperature is below zero.)

28-7] I've washed the car. (It's clean.)

28-8] He's joined the army. (He's in the army.)

28-9] She's moved to a big house. (She lives in a big house.)

28-5] 봄이 왔다. (봄이다.) [28-6] 기온이 영하로 떨어졌다. (기온이 영하다.) [28-7] 세차했다. (차가 깨끗하다.) [28-8] he는 입대했다. (군 복무 중이다.) [28-9] she는 큰 집으로 이사했다. (큰 집에 산다.)

28-8] he가 군복무 중이어야 할 수 있는 말입니다.

28-9] 이 예문을 과거시제로 바꾸면, 언제 이사했는지 과거시점을 명시해야 하고, 이사한 과거시점에 중점이 있게 됩니다.

예) She moved to a big house last year.
she는 작년에 큰 집으로 이사했다. (지금도 큰 집에 사는지는 모름)

주의! 과거사의 순차적인 나열은 현재완료와 과거시제로 이어 가지 않습니다. 과거시제와 과거시제로 이어 갑니다.

* Mr. Kim moved to a new house and he moved again.
김 선생님은 새 집으로 이사 가고 다시 이사 갔다.
(NOT Mr. Kim has moved to a new house and he moved again.)

주의! 곧 밝혀지겠지만, '완료 후의 현상태, 지금 어떻다'이는 완료한 일이 지금과 연관이 있다는 의미입니다. ago는 지금 이전을 가리키므로, 지금과 연관이 없으므로, 현재완료와 어울릴 수 없습니다. ★ ago ☞ p. 107

* NOT I've lost my key two days ago.

생각 더하기   14. 현재완료와 시간 부사절

- You'll feel better after you <u>take</u> a day off.
  하루 '쉬면' 나아질 거야.

- I'll come as soon as I <u>finish</u> it.
  그것을 '끝내자마자' 갈게.

— after 이하 / as soon as 이하: 시간 부사절, 현재시제

위 예문과 같이, 시간 부사절은 현재시제로 나타냅니다. (이때의 시간 부사절은 '절대적인 미래'를 나타냅니다. ☞ p. 52) 그런데 아래 예문은 현재완료로 나타냈습니다.

- You'll feel better after you <u>have taken</u> a day off.
  하루 '쉬고 나면' 나아질 거야. (쉬는 일과 나아지는 일, 시차가 확연히 남)

- I'll come as soon as I <u>have finished</u> it.
  그것을 '끝낸 다음에 바로' 갈게. (끝내는 일과 가는 일, 순서가 중요)

두 사건의 시차가 확연히 나거나 순서가 중요한 상황에서 이를 강조하기 위해, 먼저 일어나는 사건을 현재완료로 나타냅니다. 이유는 완료의 의미가 더해져 시차나 순서가 두드러지기 때문입니다. 하지만 두 사건이 시차가 짧거나 동시에 일어나는 경우는 현재완료로 나타내지 않습니다.

- When I <u>call</u> Betty, I'll ask her about it.
  베티한테 전화할 때 그것을 물어볼게. (두 사건이 동시에 일어남)
  — 이 경우 과거완료도 과거완료로 나타내지 않음. 과거시제로 나타냄
  예 When she <u>knocked</u>, he <u>opened</u> the door.
  she가 노크하자, he가 문을 열었다. (두 사건의 시차가 짧음)

> **생각 더하기**　　15. 새 소식과 현재완료

특히 뉴스에서, 과거사건이지만 '새 소식'으로 전하는 이슈가 될 만한 '현재 중요한 과거사건'은 실감 나도록 현상태의 현재완료로 시작합니다. 이유는 현재완료가 나타내는 현상태가 '생동감, 현장감'을 전하기 때문입니다. 이어지는 세부 내용은 과거에 일어난 일임이 분명해졌으므로, 과거시제로 나타냅니다.

- The president of ABC, Hong Gildong <u>has been</u> murdered. He <u>worked</u> in his office and ... yesterday.
  홍길동 ABC 회장이 살해되었습니다. 어제 사무실에서 일하고 ...

- The Nuri <u>has been</u> launched into space for the second time. It <u>was</u> a highly successful launching.
  누리호가 2차로 우주로 발사됐습니다. 매우 성공적인 발사였습니다.

새 소식이 아니면 과거시제를 씁니다.

- Abraham Lincoln <u>was</u> assassinated by John Wilkes Booth for political reasons in 1865.
  아브라함 링컨은 1865년 존 윌크스 부스에게 정치적인 이유로 암살되었습니다.

- Who <u>created</u> Hangeul?
  한글을 창제한 사람은?

> 결과적인 현상태

- "Do you want to go for lunch?" "점심 먹을래?"
  "I have just had pizza." "방금 피자 먹었어."

지금 막 피자를 먹고 나면 배가 부르지 않을까요? 위 예문은 '방금 피자를 먹어 지금 배부르다'는 말입니다. 결과적으로 하고 싶은 말은 (완료한 일인 '먹음'이 아닌) 현상태인 '배부름'입니다. 배부르니, '다음에 같이 먹자.'라는 말로 들립니다. 완료한 일(먹음)은 '이유 · 원인'이고, 현상태(배부름)는 '결과'입니다. 이때의 현재완료는 강조합니다, '결과적인 현상태'를 나타냅니다. 확실히 하면,

- I have driven a car for six hours.
  (지금껏 여섯 시간을 운전했어.)

한두 시간도 아니고, 여섯 시간을 운전하고 나면 피곤하지 않을까요? 위 예문은 '장시간 운전으로 지금 피곤하다'는 말입니다. 결과적으로 전하려는 말은 (완료한 일인 '운전함'이 아닌) 현상태인 '피곤함'입니다. '쉬고 싶다.'라는 말로 들립니다.

여러분

과거가 과거로 끝나지 않고 지금에 이르렀으면, 이는 완료한 일이 현상태와 관련이 있다는, 다시 말해 '과거가 지금과 연관이 있다'는 의미입니다.

현재완료

예문29는 지금에 이른, 결과적인 현상태를 나타낸 현재시제 완료상 문장입니다.

[현재완료가 결과적인 현상태를 나타낸다는 말은 곧 현재완료 문장에 결과적인 현상태를 나타내는 현재시제 문장이 내포되어 있다는 뜻입니다. (괄호 안에 넣음)]

29-1] I've lost my key.
　　　　(I don't have my key. I can't enter the house[open the safe].)

29-1] 열쇠를 잃어버렸어. '지금 열쇠가 있니, 없니?'를 따지는 말이 아닙니다. (잃어버렸으니, 열쇠는 당연히 지금 없습니다.) 결과적으로, 이를테면, 집에 들어갈 수 없거나 금고를 열 수 없다는 말입니다. 이런 상황에서 한 말입니다.

과거가 지금과 연관이 있다는 말은 곧 완료한 일을 별 뜻 없이 말하지 않았다는 뜻입니다. 괄호 안에 있는 결과적인 말, 이것이 정작 하고 싶은 말입니다.

29-2] I've already had dinner. (I'm full.)
29-3] I've walked for three hours.
　　　　(My legs are killing me. I won't walk any more.)
29-4] I've read "War and Peace" many times.
　　　　(I know the storyline well.)
29-5] I've forgotten your name. (I don't know your name.)
29-6] My watch has broken. (It needs fixing.)
29-7] My bike has been stolen.
　　　　(I don't have my bike. I have to walk.)

생각문법

29-8] His driving <u>has improved</u> a lot.
(His driving isn't bad.)

29-9] She'<u>s had</u> a car accident.
(She's in hospital. or She can't work.)

29-2] 이미 저녁을 먹었다. (배부르다.) [29-3] 세 시간을 걸었다. (다리 아파 죽겠다. 더는 못 걷겠다.) [29-4] "전쟁과 평화"를 많이 읽었다. (줄거리를 잘 안다.) [29-5] 네 이름을 잊어먹었다. (네 이름을 모른다.) [29-6] 내 시계가 고장 났다. (수리가 필요하다.) [29-7] 자전거를 도난당했다. (자전거 없다. 걸어가야 한다.) [29-8] 그이의 운전 실력이 많이 늘었다. (운전 솜씨가 서툴지 않다.) [29-9] she는 교통사고를 당했다. (병원에 입원해 있다. 혹은, 일할 수 없다.)

현재완료는 '연관성'을 지닙니다. 글자가 고스란히 말해 주듯이 'have+p.p.(완료한 일)'는 '완료한 일을 지금껏 가지고 있다'는 말이고, 이는 곧 '과거가 지금과 연관이 있다'는 뜻입니다.

지금과의 연관성: 소유 개념, have로 표현
(완료한 일을 지금껏 가지고 있음 = 과거가 지금과 연관이 있음)

소유상태의 have는 현재완료에서 '지금과 연관이 있음'을 의미합니다. '지금과 연관이 있음'은 영어에서 '소유 개념'입니다. 이를 have가 나타냅니다. '지금과 연관이 있음'을 have가 말해 주고 있으니, have를 보면 '지금과 연관이 있음'이 눈에 보여야 하고 저절로 떠올라야겠습니다.

['소유냐, 존재냐'는 문법적으로 현재완료에서 '지금과 연관이 있느냐, 없느냐'의 문제와 같습니다. 이 문제에 영어는 소유 중심의 언어답게 매우 민감합니다. 현재완료, 그야말로 have의 현재완료입니다.]

어떻습니까? 현재완료, 과거시제와 확연히 다르지 않습니까?

완료상

결과상

과거시제는 과거가 지금과 연관이 없지만, 현재완료는 연관이 있습니다. 그럼 어떤 연관이 있을까요? 네, 그렇습니다. 과거가 '이유·원인'이고, 지금이 '결과'입니다. 현재완료는 인과관계에 따른 '결과적인 resultative' 시제 형식입니다. 이참에 현재시제 완료상을 '현재시제 결과상'으로 바꾸어 부르면 어떨까요? 최소한 결과는 과거로 여기지 않을 테니 말입니다.

여러분

'have+p.p.'를 보면, 글자는 언어이므로, 그 속에 있는 의미가 보여야 합니다. 물론, 우리는 '경험, 지속, 현상태'라는 의미가 보입니다. 'have+p.p.'를 (기호가 아닌) 언어로 받아들였습니다. 이 상태에서 국어의 현재완료도 살펴보고, 과거시제와 비교하면서 현재완료를 완전히 내 것으로 만들겠습니다.

—| 현재완료를 왜 과거시제와 혼동할까?

국어는 미개한 언어가 아닙니다.

그런데 보통 문법책은 ▶ 국어에는 현재완료가 없다고 합니다. 밑도 끝도 없이 말입니다. ◀ 없다고 하면 없는 줄 알아야 하나? 말을 너무 쉽게 합니다. 특정 문법의 존재 여부는 중대한 문제이므로, 근거 없이 기술하면 안 됩니다.

- I walked for three hours yesterday. [과거시제]
  해석①: 어제 세 시간을 걸었다.
- I have walked for three hours. [현재시제 완료상]
  해석②: (지금껏) 세 시간을 걸었다.

해석을 보면, ①에도 '었'이 쓰였고 ②에도 '었'이 쓰였습니다. 바로 이 점 때문에 현재완료를 과거시제와 혼동하는 것입니다.

'었' 하면 과거가 떠오르는 우리 눈에 ①은 문제가 전혀 없어 보입니다. 하지만 ②는 문제가 다분히 있어 보입니다. "영어는 현재완료인데, 국어는 왜 과거시제지? 국어에는 현재완료가 없나?" 하며 고개를 갸우뚱거리게 마련입니다. 과연 국어에 현재완료가 없을까요?

현재완료

> 문법형태 '-었-'

- I walked for three hours yesterday.
  - walk + ed(과거시제)

- I have walked for three hours.
  - walk + ed(완료상)

위와 같이, ed는 과거시제와 완료상을 나타냅니다. 흥미로운 점은 '었'도 ed처럼, 과거시제와 완료상을 나타낸다는 것입니다.

['-았-'과 '-ㅆ-'을 포함, '-었-'을 주 형태로 삼음, 이하 '었/았/ㅆ']

- 어제 세 시간을 걸었다.
  - 분석①: 걸 + 었(과거시제) + 다

- 세 시간을 걸었다. (다리 아파 죽겠다.)
  - 분석②: 걸 + Ø(현재시제) + 었(완료상) + 다

분석을 보면, ①의 '었'은 과거시제의 '었'입니다. 하지만 ②의 '었'은 완료상의 '었'입니다. '세 시간을 걸었다.'가 다리가 아프다는 말로 받아들여지는 이유는 이때의 '었'이 완료상의 '었'이기 때문입니다.

이제는 고개가 끄덕여집니다. 영어와 표현 방식이 다를 뿐이지 국어에도 엄연히 현재완료가 있다는 사실을 알았습니다.

'ed/었'의 문법적 의미
    └ 과거
    └ 완료

'었'은 과거시제뿐 아니라 완료상도 나타냅니다.

확인 질문입니다. 아래 예문의 밑줄 친 '았/ㅆ'은 과거시제를 나타낼까요, 완료상을 나타낼까요?

- **교통사고를 봤어.** (얼마나 놀랬는지 손이 다 떨리네.)
  I have seen a car accident.
  − 보 + ∅(현재시제) + 았(완료상) + 어

- **교통사고가 났나 봐.** (길이 막히네.)
  There must have been a car accident.
  − 나 + ∅(현재시제) + ㅆ(완료상) + 나 봐

네, 그렇습니다. 완료상을 나타냅니다. 결과적으로 손이 떨리고 길이 막히니, 지금과 관련이 있습니다. 완료상의 '았/ㅆ'입니다.

['3일 전에 자전거를 고쳤어. I fixed the bike 3 days ago.'에서 '었'은 과거시제의 '었(고치+었+어)'입니다. 하지만 '자전거를 고쳤어. (지금은 잘 가.) I have fixed the bike.'에서 '었'은 완료상의 '었(고치+∅+었+어)'입니다.]

국어의 '었'이 완료상도 나타내는 것을 알고 나니, 영어의 현재완료가 한결 쉽게 느껴집니다. 앞으로 '었' 하면, 과거시제만 떠올리지 말고 완료상도 떠올려야겠습니다.

> 정황어 vs. 구조어

영어: 과거시제 fixed, 현재완료 have fixed

국어: 과거시제 고쳤다, 현재완료 고쳤다

영어는 'have동사가 있고 없고'에 따라 시각적으로, '과거시제[fixed]'와 '현재완료[have fixed]'가 구별됩니다. 하지만 국어는 둘 다 '고쳤다'로 구별되지 않습니다. 물론, 그 내용은 다르지만 시각적으로는 구별되지 않습니다. 그래도 불편함이 없습니다. 이유는?

- (난 널) **사랑해.**

사랑을 고백할 때, (주어와 목적어를 꼭 써야 하는 'I love you.'와 달리) 대개 '난'과 '널'을 생략, '사랑해.'로 말합니다. 우리는 상대방이 정황으로 알 수 있는 내용은 그것이 주어라도 아무렇지 않게 생략합니다. 일상 언어생활에서 말을 대신해 정황으로 말할 때가 무척 많고, 언어로 표현된 액면보다 많은 내용을 알아듣습니다.

[예를 들어, 아이가 학교에서 돌아오면, "나는 학교를 다녀왔습니다." 이렇게까지 말하지 않습니다. 거의 대부분 "다녀왔습니다." 이렇게만 말합니다. 그래도 누가 어디를 다녀왔는지 정황으로 다 알아듣습니다. 반면에, '구조어'인 영어는 문장성분을 어지간해서는 생략하지 않습니다. 철저하게 주어와 서술어를 갖춥니다. 영어는 "다녀왔습니다."가 "I'm home."인 것입니다.]

'고쳤다'만 보고는 과거시제인지 현재완료인지 구별되지 않지만 말하는 데 불편함이 없는 이유는 정황으로 구별되기 때문입니다.

[국어는 정황의 의존도가 높아, 주어나 목적어와 같은 문장성분의 생략 현상이 빈번합니다. 대표적인 국어의 특성입니다. 정황의 의존도가 높은 이러한 언어를 "정황어"라고 합니다. 반면에, 영어는 언어 자체의 의존도가 높은 언어입니다. 이러한 언어를 "구조어"라고 합니다. 언어 자체의 의존도가 높아 문장성분의 생략 현상이 드뭅니다. 영어는 철저히 문장의 형식을 갖춥니다. 심지어, '가주어'를 만들어 쓰기까지 합니다. (국어는 왜 '정황어'가 되었고, 영어는 왜 '구조어'가 되었을까요? 이 또한 이유와 원인이 있습니다. **생각문법 ❸** 〈문장의 구조〉에서 다룹니다.) ★ 문장의 짜임새 ☞ ❸ p. 248, 268]

[사고로 죽은 아들을 보고, 엄마가 "내가 죽였어요."라고 말하면, 정황어를 쓰는 우리는 엄마가 엄마로서 하는 말로 알아듣습니다. 하지만 언어 자체의 의존도가 높은 구조어를 쓰는 영미인은 들은 대로 엄마가 아들을 죽인 것으로 받아들입니다. 실제로 이런 일이 오래 전 미국 법정에서 일어났다고 합니다. 어떤 한국인 엄마가 내가 아들을 죽였다고 무심결에 한 말이 자백 아닌 자백이 되어, 아들은 사고로 죽었는데, 살인죄로 실형을 선고받았다고 합니다.]

[과거에는 본래 '지금과 연관이 없는' 과거와 '지금과 연관이 있는' 과거가 있습니다. 이 두 과거를 국어는 정황으로 구별하다 보니, 과거시제와 현재완료를 다르게 표현하지 않습니다. 하지만 영어는 언어 자체로 구별하다 보니, 과거시제와 현재완료를 다르게 표현합니다.]

['었'이 완료상도 나타내는 것과 정황으로 구별하는 무의식적인 언어 습관 때문에 우리는 영어의 과거시제를 보면, 지금과 연관이 없는데도, 은연중에 과거사를 지금과 연관을 잘 짓습니다. 연관을 짓지 않도록 신경을 써야겠습니다.]

[현재완료를 접하게 되면, 영어는 의식적으로 과거시제와 구별해야 하고 다르게 표현해야 합니다. 현재완료가 처음에는 생소하면서 어렵게 느껴집니다. 하지만 현재완료 개념은 영어라고 국어와 다르지 않습니다. 표현 방식이 다를 뿐, 우리 머릿속에 이미 내재되어 있습니다. 생소할 것도 어려울 것도 없습니다.]

[국어시간에 현재완료를 제대로 먼저 배우고, 영어시간에 현재완료를 접하는 것이 바람직하지 않을까요? 이제라도 달라졌으면 좋겠습니다.]

—| 현재완료는 과거시제와 어떻게 다를까?

과거시제 영역: 지금시점 미만
현재완료 영역: 과거시점부터 지금시점 미만

[과거시제에서 말하는 지금시점 미만의 일은 '지난 일'이고, 현재완료에서 말하는 지금시점 미만의 일은 '완료한 일'입니다.]

과거시제는 과거 어느 한 때인 '시점'의 시제고, 과거에 중점이 있고, (지난 일인) 지금시점 미만의 일이 지금과 연관이 없습니다.

현재완료는 과거시점부터 지금시점에 이르는 '시간대'의 시제 형식이고, 현상태에 중점이 있고, (완료한 일인) 지금시점 미만의 일이 지금과 연관이 있습니다.

['연관이 있다'는 이 말은 현재완료뿐 아니라, 'have+p.p.'의 형식을 갖춘 모든 동사구 전반에 걸쳐 두루두루 나옵니다. 꼭 기억해 두시길 바랍니다.]

주의! 과거시제는 시점의 시제라 when으로 시점을 물을 수 있습니다.
* "When did he stop smoking?" "A couple of months ago."
  "철수 언제 담배 끊었니?" "두 달쯤 전에."

반면에, 현재완료는 시간대의 시제 형식이라 when으로 시점을 물을 수 없습니다. 같은 이유로, 현재완료는 과거시점(yesterday)을 나타내는 말과 어울릴 수 없습니다.

* NOT <u>When</u> <u>has</u> he <u>stopped</u> smoking?
* NOT That house <u>has been</u> empty all day <u>yesterday</u>.

예문30은 과거시제 문장[ⓐ] vs. 현재완료 문장[ⓑ]입니다.

경험·지속

30-1-ⓐ] <u>Did</u> you <u>see</u> Betty this morning?
   ⓑ] <u>Have</u> you <u>seen</u> Betty this morning?

ⓐ 아침이 지난 시점에서 지난 일을 물은 말입니다.
  ▷ '오늘 아침에 베티를 보았니?'에서 '았'은 과거시제의 '았[보+았+니]'입니다.
ⓑ 아침이 안 지난 시점에서 지금에 이르는 동안의 일을 물은 말입니다.
  ▷ '오늘 아침에 베티를 보았니?'에서 '았'은 완료상의 '았[보+∅+았+니]'입니다.

30-2-ⓐ] When <u>did</u> they <u>get</u> married?
   ⓑ] How long <u>have</u> they <u>been</u> married?

ⓐ 언제 결혼했는지, 시점의 when으로 결혼한 과거시점을 묻고 있습니다.
  예 "When did Cheolsu and Minho meet for the first time?"
    "They first met twenty years ago[when they were kids]."
      "철수와 민호는 언제 처음 만났니?" "20년 전에[어렸을 때] 처음 만났어."
ⓑ 결혼한 상태가 지금껏 얼마 동안 지속되었는지, 기간의 how long으로 결혼 기간을 묻고 있습니다.
  예 "How long have Cheolsu and Minho known each other?"
    "For twenty years."
      "철수와 민호는 얼마 동안 서로 알고 지냈니[알고 지낸 지 얼마나 되었니]?" "20년 동안."
    "How well do you know him?"
    "Very well. We've been friends since we were kids."
      "민호를 얼마나 잘 아니?" "잘 알고말고, 어릴 적부터 친구 사이였어."

30-3-ⓐ] He <u>quitted</u> smoking last year.
　　ⓑ] He <u>haven't</u> <u>smoked</u> since last year.

　ⓐ 담배를 끊은 과거시점이 작년이라는 말입니다. 지금도 끊은 상태인지는 알 수 없습니다. (작년에 끊었다가 지난달부터 다시 피우고 있을지도 모릅니다.)
　ⓑ 담배를 끊은 상태가 작년부터 지금껏 지속되었다는 말입니다. 지금도 끊은 상태입니다.

30-4-ⓐ] He <u>worked</u> here for two years.
　　ⓑ] He <u>has worked</u> here for two years.

　ⓐ 과거 한때 – 과거 어느 한 시점에 – 여기서 '2년을' 일했다는 말입니다.
　　▷ 과거시제 문장에 쓰인 'for two years'는 점의 시간인 '시점'으로 인식됩니다. 다른 예로, 'How long did the First World War last? 1차 세계대전은 얼마 동안 계속되었나요?'는 전쟁 기간이 시점으로 인식되어 과거시제로 묻고 있습니다.
　ⓑ 지금껏 '2년 동안' 여기서 일했다는 말입니다.
　　▷ 현재완료 문장에 쓰인 'for two years'는 영역의 시간인 '시간대'로 인식됩니다.

30-5-ⓐ] I <u>lived</u> in that house for ten years.
　　ⓑ] I <u>have lived</u> in this house for ten years.

　ⓐ 과거를 회상하며, (내 인생 중에) 10년을 저 집에서 살았다는 말입니다.
　ⓑ 지난 10년간 이 집에 살았다는 말입니다. (이 예문은 오늘 이사 가는 사람이 한 말일 수 있습니다. 지금도 사는지는 상황이나 문맥이 주어지지 않으면 딱히 뭐라 말할 수 없습니다.)

현상태

30-6-ⓐ] He <u>joined</u> the army last year. he는 작년에 입대했다.
　　ⓑ] He <u>has joined</u> the army. he는 입대했다.

ⓐ 입대한 과거시점이 작년입니다. (제대까지 얼마 남았습니다.)
　예) The car broke down three days ago. 차가 3일 전에 고장 났다.
ⓑ 현재 군 복무 중입니다. (지금 군대에 있습니다.)
　예) The car has broken down. 차가 고장 났다. (지금 탈 수 없음)

30-7-ⓐ] "When <u>did</u> you <u>have</u> your hair cut?" "언제 머리 잘랐니?"
　　　"Two months ago." "두 달 전에"
　　ⓑ] "<u>Have</u> you <u>had</u> your hair cut?" "머리 잘랐니?"
　　　"Yes, I have. How do I look?" "응, 잘랐어. 어때 보여?"

ⓐ 머리를 자른 과거시점을 물은 말입니다.
ⓑ 머리를 자른 지금 모습을 - '완료 후의 현상태'를 - 보고 물은 말입니다.

30-8-ⓐ] What <u>did</u> you <u>do</u> yesterday? 어제 무엇을 했느냐?
　　ⓑ] What <u>have</u> you <u>done</u>? (지금껏) 무엇을 했느냐? (결과가 무엇이냐?)

ⓐ 단지, 어제 한 일을 물은 말입니다.
ⓐ 결과를 물은 말입니다. 역으로, 지금껏 일어난 결과를 보고 물은 말이기도 합니다. 안 좋은 일이 벌어졌으면, "무슨 짓을 했느냐?" 이처럼 해석됩니다.

30-9-ⓑ] A burglar has broken into my house in broad daylight. 벌건 대낮에 집에 도둑이 든 거 있죠.

ⓐ] All my jewellery was stolen from a dresser drawer in the room.
내 방 옷장 서랍에 있던 패물을 모두 도난당했어요.

ⓑ 이슈가 될 만큼, 과거사건이 현재에도 중요하면, 실감 나도록 현재완료로 시작합니다.

ⓐ 지난 일로 분명해진 세부 내용은 과거시제로 이어 갑니다.

예 "Have you visited Mr. Kim recently?" "Yes, I visited him last week."
"최근에 김 선생님을 찾아뵌 적이 있나요?" "네, 지난주에 찾아뵈었어요."

· · ·

현재완료

✓ 지금에 이르는 동안의 일: 경험
　— You've solved only two problems so far.
　 Have you travelled abroad a lot, Betty?

✓ 지금에 이른 일: 지속
　— I've worked here (for) ten years.

✓ 완료 후의 현상태
　— Mr. Kim has just arrived.

✓ 결과적인 현상태
　— I've lost my key.

25-1] "베티야, 외국 여행 많이 가 봤니?"

"응, 많은 나라에 가 봤어."

25-2] "중국에 가 봤니?" "응, 두 번 가 봤어."

"만리장성에 갔었니?" "응, 갔었어. 굉장했었어."

25-3] "그럼 일본은?" "아직 못 가 봤어."

25-4] "김치 먹어 봤니?" "응, 한 번 먹어 봤어."

25-5] "철수 만난 적 있니?" "아니, 한 번도 만난 적 없어."

25-6] "한국에서 운전해 본 적 있니?"

"응, 있어. / 아니, 없어."

현재완료

25-7] 제주에 온 게 이번이 세 번째야.

25-8] 교통사고를 당한 게 이번이 두 번째니?

25-9] "전에 말 타 본 적 있니?"

"아니, 말 타 본 게 이번이 처음이야."

25-10] 그것이 내가 두 달 만에 받은 첫 편지다.

25-11] 오늘 저녁에 내가 마신 맥주가 이것이 다섯 병째다.

25-12] 내가 정말 즐겁게 보낸 휴가는 이번뿐이다.

25-13] 그것은 내가 본 가장 재미있는 영화 중 하나다.

25-14] 생각문법은 내가 읽은 최고의 영문법 책 중 하나다.

26-1] 여태 두 문제밖에 못 풀었구나.

　　　　..

26-2] 최근에 그 사람한테서 소식이 있었나요?

　　　　..

26-3] 올해 외국에 나갈 기회가 있었나요?

　　　　..

26-4] 지난 며칠간 많은 외국인을 만났어요.

　　　　..

26-5] 요즘 정말 바빴어요.

　　　　..

26-6] 오늘 녹차 세 잔 마셨어.

　　　　..

26-7] 오늘 아침에 편지 두 통을 썼어.

　　　　..

26-8] 올 여름은 비가 많이 왔다.

　　　　..

26-9] 할아버지께서는 평생 여기서 농사를 지으셨다.

　　　　..

현재완료

27-1]　he는 10년을 여기서 일했다.

．．

27-2]　2002년 이후로 서울에 살았다.

．．

27-3]　이곳에 얼마 동안 있었나요?

．．

27-4]　저 집은 지난 며칠 동안 비어 있었다.

．．

27-5]　그것은 지난 수년간 우리 것이었다.

．．

27-6]　오래 전부터 늘 외국에 나가고 싶었다.

．．

27-7]　he는 작년 이후로 쭉 자기 차가 있었다.

．．

27-8]　우리는 어릴 적부터 서로 잘 아는 사이다.

．．

27-9]　she는 어렸을 때부터 노래 부르는 것을 무척 좋아했다.

．．

28-1] 김 선생님이 방금 도착했다. (여기에 있다.)

....

28-2] 김 선생님은 뉴욕에 갔다. (여기에 없다.)

....

28-3] 그것을 벌써 끝냈다. (할 일이 남지 않았다.)

....

28-4] 그것을 아직 끝내지 못했다. (할 일이 남았다.)

....

28-5] 봄이 왔다. (봄이다.)

....

28-6] 기온이 영하로 떨어졌다. (기온이 영하다.)

....

28-7] 세차했다. (차가 깨끗하다.)

....

28-8] he는 입대했다. (군 복무 중이다.)

....

28-9] she는 큰 집으로 이사했다. (큰 집에 산다.)

....

현재완료

29-1]   열쇠를 잃어버렸어. (집에 들어갈 수 없다.)

　　　　..

29-2]   이미 저녁을 먹었다. (배부르다.)

　　　　..

29-3]   세 시간을 걸었다. (다리 아파 죽겠다. 더는 못 걷겠다.)

　　　　..

29-4]   "전쟁과 평화"를 많이 읽었다. (줄거리를 잘 안다.)

　　　　..

29-5]   네 이름을 잊어 먹었다. (네 이름을 모른다.)

　　　　..

29-6]   내 시계가 고장 났다. (수리가 필요하다.)

　　　　..

29-7]   자전거를 도난당했다. (자전거가 없다. 걸어가야 한다.)

　　　　..

29-8]   그이의 운전 실력이 많이 늘었다. (운전 솜씨가 서툴지 않다.)

　　　　..

29-9]   she가 교통사고를 당했다. (병원에 입원해 있다. 혹은, 일할 수 없다.)

　　　　..

Unit 5

현재시제 완료진행상
The Present Tense – Perfect Continuous Aspect

현재완료진행은 현재완료에서의 진행입니다. 진행 형식으로 현재진행 못지않게 많이 쓰입니다. 그런데 동사구가 길어서 그런지 낯설뿐더러 한눈에 잘 들어오지도 않습니다.

- I have been studying.
  - 동사구: have(현재시제) + been(완료상) + studying(진행상)

게다가 해석도 간단치 않습니다. 위 예문은 '지금을 포함하고 안 하고'에 따라 아래와 같이 세 가지로 해석됩니다.

① 공부하고 있었어요.
② 공부하고 있어요.
③ 공부했어요.

그렇다고 해석이 문제라는 말은 아닙니다. 문제는 해석에 얽매여 현재완료진행 개념을 알아차리지 못하는 것입니다.

> 현재완료진행의 영역과 형태

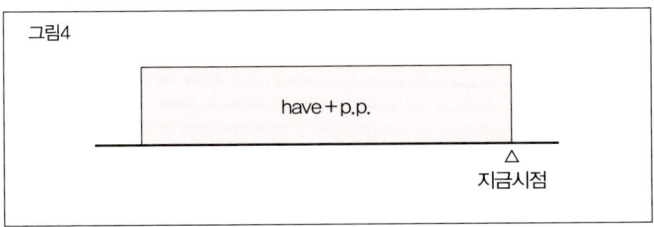

(지금시점을 포함하지 않는) 그림4에 진행상[⇨]이 결합하면, (지금시점을 포함하는) 그림5가 됩니다.

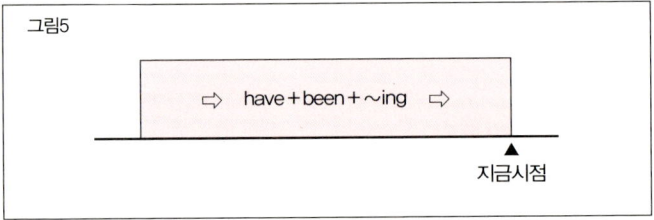

현재완료진행은 현재완료에 진행상이 결합한 시제 형식입니다. (과거 어느 한 시점부터 지금에 이르는 동안 어떤 일이 '존재했고[have+been]', 그 일이 '진행의 일[~ing]'이라는 말입니다.) 그림5가 보여 주듯이, 현재완료진행 영역은 '과거시점부터 지금시점 이하[▲]'입니다. 지금시점을 포함하는 점을 제외하면, 현재완료 영역과 같습니다.

현재시제 완료진행상 형태

```
현재완료    : have + p.p.
+   진행:      be + ~ing
─────────────────────────────
현재완료진행: have + been + ~ing
```

형태는 'have + been + ~ing'입니다. 그런데 형태를 볼수록 완료분사 'been'이 눈에 거슬립니다.

'춥다'는 형용사입니다. 국어는 형용사가 서술어 역할을 합니다. (날씨가 <u>춥다</u>.) 그럼 영어도 형용사가 서술어 역할을 할까요? 하기는 하는데, 형용사 앞에 'be동사가 있어야' 합니다. (It's cold.)

[국어는 형용사가 동사와 더불어 서술어 역할을 하는 용언에 속합니다. 눈여겨보십시오. '추운(관형어) = cold(형용사)', '춥다(형용사) = be cold'입니다.]

[분사(crying)는 형용사(cute)와 같은 역할인 '명사 수식'과 '(대)명사 설명'을 합니다.
* 명사 수식: cute Ella, crying baby / (대)명사 설명: 'Ella is cute.', 'She is crying.']

분사는 형용사와 같은 역할을 합니다. 분사도 서술어 역할을 하려면, 형용사처럼, 분사 앞에 be동사가 있어야 합니다. (이것이 'be + ~ing, be + p.p.' 하는 이유입니다.)

- He <u>is</u> studying. – He와 studying을 이어 주는 'is'
- He has <u>been</u> studying. – He has와 studying을 이어 주는 'been'

〉현재완료진행의 해석과 개념

- I have been studying.
    해석①: 공부하고 있었어요.
    해석②: 공부하고 있어요.
    해석③: 공부했어요.

① '~하고 있었다'로 해석되는 경우
: 지금을 포함할 수도 있고, 안 할 수도 있음

[현재완료에서는 개념을 '지금에 이른다'는 의미로 '지금껏'으로 표현했습니다. 현재완료진행 개념은 '지금을 포함하기도 하고, 안 하기도 한다'는 의미로 '지금까지'로 표현합니다. '지금까지'는 상황이나 문맥에 따라 지금을 포함할 때도 있고, 안 할 때도 있습니다.]

- I have been studying.
    지금까지 공부하고 있었어요.

'과거 어느 한 시점부터 지금까지' 공부하고 있었다고 합니다. 그럼 지금도 하고 있을까요, 지금은 안 하고 있을까요?

현재완료에 진행의 의미가 더해져 지금도 하고 있는 것으로 보입니다. 하지만 위 예문은 방금 공부를 마치고도 할 수 있는 말입니다. 이렇게 지금 포함 여부를 알기 어렵거나 중요하지 않으면 무난하게 위와 같이 우리말로 옮깁니다. ①은 지금 포함 여부를 떠난 현재완료진행의 일반적인 해석입니다.

개념1 ■ 지금까지의 상황을 묘사

   모든 진행 형식은 일차적으로 '상황 묘사'를 합니다. 현재진행이 지금 상황이나 요즘 상황을 묘사하듯이, 현재완료진행은 (지금을 포함할 수도 있고, 안 할 수도 있는) 지금까지의 상황을 묘사합니다.

② '~하고 있다'로 해석되는 경우: 지금을 포함

- I have been studying since lunch.
  점심때부터 공부하고 있어요.

현재완료진행에는 '진행상'이 있습니다.

   진행상은 아직 끝나지 않은 일이므로, 현재완료진행은 '지금을 포함하기도' 합니다. 위 예문은 점심때부터 공부하고 있었고, 지금도 공부하고 있습니다. 이렇게 지금을 포함하면, 온전한 의미 전달을 위해 위와 같이 우리말로 옮깁니다.

   주의!   점심때부터 공부하고 있다고 합니다. 그럼 앞으로도 공부할까요? 미래영역은 현재완료진행 영역에 포함되지 않으므로, 앞으로도 공부하는지는 문제 삼지 않습니다. 아예 관심이 없습니다.

   [해석①②③은 이것은 이렇게 해석하고 저것은 저렇게 해석하고, 이러한 절대적인 해석이 아닙니다. 다만, 현재완료진행이 세 가지로 해석된다는 것을 인식시키기 위한 필자의 의도적인 해석입니다. 상황이나 문맥에 따라, 해석은 얼마든지 달라질 수 있습니다. 세 가지로 해석될 수 있다는 것만 아시면 됩니다.]

③ '~했다'로 해석되는 경우: 지금을 포함하지 않음

- I have been studying since lunch. I'm tired now.
  점심때부터 공부했어요. 지금 피곤해요.

현재완료진행에는 '완료상'이 있습니다.

완료상은 이미 끝난, 더는 진행하지 않는 일이므로, 현재완료진행은 '지금을 포함하지 않기도' 합니다. 위 예문은 공부를 오랫동안 해서 지금 피곤하다는 말로, 지금은 공부하고 있지 않습니다. 이렇게 지금을 포함하지 않으면, 확실한 의미 전달을 위해 위와 같이 우리말로 옮깁니다.

살펴본 바와 같이, 'have been studying'은 지금 포함 여부에 따라 세 가지로 해석됩니다. 중요한 점은 지금 포함 여부가 현재완료진행의 주된 문제가 아니라는 것입니다. 부차적인 상황이나 문맥의 문제로, ②③번과 같이 상황이나 문맥이 주어지면 어렵지 않게 알 수 있습니다. 공연히 해석에 얽매이지 마십시오. (①번이든 ②번이든 ③번이든, 상황이나 문맥에 맞게 해석하면 됩니다.)

여러분

현재완료진행은 지금까지의 상황만 묘사하는 시제 형식이 아닙니다. 핵심은 현재완료진행이 '어떤 상황에서, 어떤 의도로 쓰이느냐'입니다.

개념2 ■ 지금까지 진행되던 일에 중점이 있음
– 지금까지 하고[일어나고] 있던 일이 강조됨

'지금까지 공부하고 있었어요.'에서, '지금까지'와 '하고 있던 공부' 중, 어떤 말이 더 중요할까요? 네, 그렇습니다. 하고 있던 공부입니다. 소리 내어 여러 번 읽어 보십시오. '딴짓하지 않고' 공부하고 있었다는 말로 들립니다.

현재완료진행은 '지금도 하고 있느냐'보다 '하고 있던 일이 무엇이냐'가 더 중요합니다. 강조합니다. 진행되던 일에 중점이 있습니다. 확인해 보면,

- I <u>have been studying</u> since lunch. I'm tired now.

위 예문은 피곤하되, 다른 일이 아닌 (일이나 운동이 아닌) '공부를 해서' 피곤하다는 말입니다. 지금은 공부하고 있지 않은데, 하고 있다 해도, 지금 포함 여부는 상대방이 큰 관심을 두지 않습니다. 진행되던 일은 ('I'm tired now.'와 같은) 결과적인 현상태가 나타나면 두드러집니다. 확실히 하면,

- <u>Have</u> you <u>been running</u>? You're out of breath.
  (결과적인 현상태, 숨이 차 헐떡거리는 모습을 보고) 뛰었니? 숨넘어가겠다.
  – 다른 일이 아닌 '달리기를 해서' 숨이 참

위 예문은 숨이 차는 결과를 초래한 running을 강조하며 묻고 있습니다. 뛴 일에만 관심이 있을 뿐, 지금 안 뛰는 일은 안중에 없습니다. 확연히, 진행되던 running에 중점이 있습니다.

한번 생각해 보십시오. 잠깐 공부하고 피곤할까요? 1, 2초를 뛰고 숨이 찰까요? 피곤함·숨참은 공부함·뜀이 얼마 동안 진행되지 않고서는, 시간이 얼마간 경과하지 않고서는 일어날 수 없는 일입니다. 결과를 초래한 일이 (순간적인 일이 아닌) 진행되던 일입니다. 진행되던 일에 중점이 있을 수밖에 없습니다. 자연히, 지금까지 하고[일어나고] 있던 일이 강조됩니다.

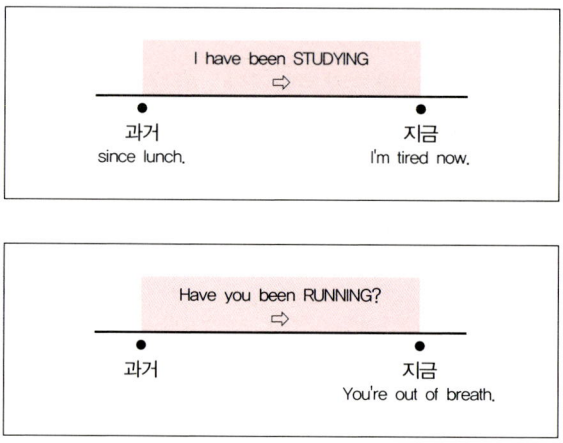

주의! 지금까지 진행되던 일은 상황에 따라 지금을 포함할 수도 있고, 안 할 수도 있습니다. 하지만 이 문제에 관심이 별로 없습니다.

이번에는 '진행되던 일에 중점이 있다'는 말을 역으로 생각해 보겠습니다. 매우 중요한 내용입니다. 계속 집중!

개념3 ■ 지금까지의 일에 중점을 둠
– 지금까지 한[일어난] 일을 강조함, 또는 강조하는 방법

진행은 본디 문장 내용을 강조하는 역할을 합니다. 지금까지의 일을 '진행되던 일로 말하면', 지금까지의 일이 두드러집니다.

여러분

지금까지 한[일어난] 일을 강조하기 위해 (진행되던 일이 아니어도) 의도적으로 현재완료진행을 씁니다. 요컨대, 현재완료진행은 지금까지의 일을 강조하는 방법이기도 합니다. 앞선 세 예문은 진행 여부를 떠나 강조의 의미로, 아래와 같이 해석될 수 있습니다.

①-a (지금까지) **딴짓하지 않고 공부하고** 있었어요.
②-b (점심때부터) **내내 공부하고** 있어요.
③-c (점심때부터) **공부만** 했어요. 지금 피곤해요.

확실히 하면,

- I've been STUDYING.
   지금까지 딴짓하지 않고, 내내, 공부만 했어요.
  – 지금까지 한 일이 공부라고 강조 (studying을 힘주어 말함)
  – 현재진행도 다를 바 없음
    예 I'm STUDYING. [현재진행]
      (게임하지 않고) 공부하고 있다니까요.

앞으로, 지금까지의 일이 다름 아닌, 바로 '이 일이라고' 강조하고 싶으면 현재완료진행을!

—| 현재완료진행은 현재완료와 어떻게 다를까?

예문31은 현재완료 문장[ⓐ] vs. 현재완료진행 문장[ⓑ]입니다.

개념2에 맞추어 (지금까지 진행되던 일에 중점이 있음)

현재완료는 많고 적음의 '수량'이 중요하고, 현재완료진행은 일이 진행되거나 시간이 경과한/흐른 '기간'이 중요합니다.

31-1-ⓐ] It <u>has rained</u> for six hours.
    ⓑ] It <u>has been raining</u> for six hours.

ⓐ 비가 '6시간을' 내렸다. 즉, 지금껏 '많은 양'의 비가 내렸다는 말입니다. (비가 지금도 앞으로도 내리는지는 문제 삼지 않습니다.)
    예 He's watched TV all day. (하루 종일 '많이' 봄)
ⓑ 비가 '6시간 동안' 오고 있다. 즉, 비가 온 지 지금까지 여섯 시간이 되었다는, '오랫동안' 오고 있다는 말입니다. 초점이 '일의 진행에, 시간의 경과에' 맞춰져 있습니다. (지금 비가 오고 있지 않으면, 막 그쳤을 것입니다. 앞으로도 오는지는 문제 삼지 않습니다.) 예 He's been watching TV all day long. (온종일 '오래' 봄)

31-2-ⓐ] I <u>have studied</u> since lunch. I'm tired out.
    ⓑ] I <u>have been studying</u> since lunch. I'm tired out.

ⓐ 몹시 피곤한 이유가 점심때부터 공부를 '많이' 해서입니다.
ⓑ 이유가 다름 아닌 공부를 '오래' 해서입니다.

31-3-ⓐ] He's worked here for 2 years.
he는 여기서 2년을 일했습니다. 〉 2년 전부터 일했습니다.

ⓑ] He's been working here for 2 years.
해석①: he가 여기서 일한 지 2년이 되었습니다[지났습니다].
해석②: he는 여기서 2년 동안 일하고 있습니다.

ⓐ 최근에 he가 일을 그만두었거나, 곧 그만두면 현재완료로 말합니다.
ⓑ he는 지금도 여기서 일하고 있습니다. 지금도 일하고 있는 사람의 지금까지 일한 기간은 현재완료진행으로 말합니다.

▷ 현재완료진행은 초점이 '일의 진행에, 시간의 경과에' 맞춰져 있습니다. 따라서 해석은 ①로 하는 것이 좋습니다. ②는 상황을 묘사한 해석으로, 말맛이 썩 좋지 않습니다.

의미상, 수량의 현재완료는 'how many · how much'와 잘 어울리고, 기간의 현재완료진행은 'how long'과 잘 어울립니다.

31-4-ⓐ] How many books have you written?

ⓑ] How long have you been writing books?

ⓐ 지금껏 책을 몇 권 썼느냐고, 구체적인 책의 '권수'를 물은 말입니다.
예] How much weight have you lost? 체중이 얼마큼 (몇 킬로가) 줄었나요?
I'm learning French, but I haven't learned very much yet.
불어를 배우고 있지만, 아직 많이 배우지는 않았습니다.

ⓑ 지금까지 책을 써 온 지 얼마나 되었느냐고, 얼마나 지났느냐고, '일이 진행된, 시간이 경과한' 기간을 물은 말입니다.
예] How long have you been losing weight?
체중이 줄기 시작한 지 (기간이) 얼마나 되었나요[지났나요]?
I'm learning French, but I haven't been learning it very long.
불어를 배우고 있지만, 배운 지 그리 오래되지는 않았습니다.

31-5-ⓐ] <u>How many</u> months[years] has he worked here?
　　　he는 여기서 몇 달[몇 년]을 일했습니까?

　ⓑ] <u>How long</u> has he been working here?
　　　he가 여기서 일한 지 얼마나 (오래) 되었습니까?

ⓐ 지금껏 일한 '시간의 양'을 구체적으로 물어보고 있습니다.
　▷ 현재완료의 기간은 '(끝도 있는) 한 덩이의 시간'으로 인식됩니다. 최종적인 수량을 측정할 수 있어 기간이나 횟수를 구체적으로 묻고 답할 수 있습니다.
　　예 "How many hours have you been here?" "For two hours."
　　　 "이곳에 몇 시간 있었니?" "두 시간."
　　　 "How many times have you met Betty for two weeks?" "Two times."
　　　 "두 주간 베티와 몇 번을 만났니?" "두 번."

ⓑ how long에는 '오래'라는 뉘앙스가 있습니다.
　▷ 현재완료진행의 기간은 '(끝은 없는) 연속적인 시간의 흐름'으로 인식됩니다. 최종적인 수량을 측정할 수 없어 기간을 주로 '대략적으로 (about …)' 말합니다. (지금시점 미만의 현재완료가 '디지털적'이라면, 지금시점 이하의 현재완료진행은 '아날로그적'입니다.)
　　예 "How long has it been raining?" "For about two hours."
　　　 "비가 온 지 얼마나 (오래) 되었니?" "두 시간쯤 됐어."

31-6-ⓐ] She has played tennis <u>three times</u> this week.
　　　she는 이번 주에 테니스를 세 번 쳤어요.

　ⓑ] She has been playing tennis <u>since morning</u>.
　　　she는 아침부터 테니스를 치고 있어요.

ⓐ 'how many · how much'가 문제시되면 현재완료로!
　　예 He's drunk ten bottles of beer[too much beer] tonight.
　　　 he는 오늘 밤에 맥주를 열 병[너무 많이] 마셨어.

ⓑ 'how long'이 문제시되면 현재완료진행으로!
　　예 He's been drinking beer all night long. he는 밤새도록 맥주를 마시고 있어.

그렇다고 현재완료가 'how long'과 전혀 어울릴 수 없는 것은 아닙니다.

31-7-ⓐ] How long has that house been empty?
<small>저 집은 얼마 동안 비어 있었습니까? 〉 비어 있은 지 얼마나 되었습니까?</small>

ⓑ] How long has he been having dinner?
<small>he가 저녁 식사를 한 지 얼마나 지났습니까?</small>

ⓐ 지속의 현재완료는, 특히 '상태동사'일 때, ('how long, for three day'와 같은) 기간을 뜻하는 말과도 잘 어울립니다.

ⓑ 지속된 저녁 식사 시간을 물은 말입니다.

31-8-ⓐ] He's lived in Paris all his life.
<small>he는 평생 파리에 살았습니다.</small>

ⓑ] He's been living in Paris for ten months.
<small>he가 파리에서 산 지 10개월이 지났습니다.</small>

ⓐ 같은 지속이라도, 현재완료는 '거시적인' 지속과 잘 어울립니다.
  예] He hasn't worked for ages[for several years].
  <small>he는 오랫동안[수년간] (내내) 일하지 않았다.</small>

ⓑ 현재완료진행은 진행상의 결합으로 '한시성'을 지니게 됩니다. 현재완료와 상대적으로, '미시적인' 지속과 잘 어울립니다.

▷ 지속을 나타내는 현재완료와 현재완료진행에는 지속의 의미상 '내내, 줄곧'이라는 뜻이 들어 있습니다. 이 점은 현재완료진행이 (진행상의 결합으로) 아무래도 보다 더 뚜렷합니다.
  예] He hasn't been working recently.
  <small>he는 최근에 (줄곧) 일하지 않고 있다.</small>

부정문에서, 'for a long time'과 'for long'은 뜻이 같지 않습니다.

31-9-ⓐ] He hasn't driven <u>for a long time</u>.
       he는 오랫동안 운전하지 않았습니다.

    ⓑ] He hasn't been driving <u>for long</u>.
       he는 운전한 지 오래되지 않았습니다.

ⓐ 'not driving long ('not driving'을 long함)'의 뜻으로, he는 운전을 안 한 지 오래된 사람입니다.

  예] He hasn't worked for a long time.
     he는 오랫동안 일하지 않았다. (오랜 시간 실직 상태다.)

  He didn't work for a long time.
     he는 (과거 어느 한 때) 오랫동안 일하지 않았다. (오랜 시간 실직 상태였다.)

  I haven't been in Jeju for a long time.
     오랫동안 제주에 있지 않았다. (오랜만에 제주에 왔다.)

ⓑ 'driving not long (driving을 'not long'함)'의 뜻으로, he는 운전한 지 얼마 안 된 초보 운전자입니다.

  예] He hasn't been working for long.
     he는 일한 지 오래되지 않았다. (신입사원이다.)

  He didn't work for long.
     he는 (과거 어느 한 때) 오래 일하지 않았다. (그때 잠깐 짧게 일했다.)

  I haven't been in Jeju for long.
     제주에 오래 있지 않았다. (얼마 전에 제주에 왔다.)

생각 더하기 16. 'for a long time'과 'for long'

'for a long time'은 주로 긍정문에 쓰입니다.

- We've been friends for a long time.
  우리는 오랫동안 친구로 지내고 있다. 〉오랜 친구 사이다.

반면에, 'for long'은 주로 부정문에 쓰입니다.

- We haven't seen each other for long.
  우리는 만난 지 얼마 되지 않았다.

'long'이 긍정문에 쓰일 때는 'too · enough · so' 등과 함께 쓰입니다.

- I've been waiting too long[long enough].
  너무 오래[기다릴 만큼] 기다렸다.
- I'm sorry it's taken so long.
  이렇게 오래 걸려 미안해.

의문문에는 대개 'long'이 쓰입니다.

- Have you been waiting long?
  기다린 지 오래되었니?

현재완료진행

개념3에 맞추어 (지금까지의 일에 중점을 둠)

31-10-ⓐ] It <u>has rained</u>.

ⓑ] It <u>has been raining</u>.

ⓐ 말하자면, "(드디어) 비가 왔다. (가뭄이 해소되었다.)" 이런 말입니다. 결과적인 현상태를 나타냅니다.

ⓑ "비가 왔네.": 아침에 일어나 무심결에 문을 열었더니 밤새 비가 내려 마당에 빗물이 흥건히 고였습니다. 예기치 않은 비 내림에 깜짝 놀랐습니다. 바로 이때 한 말입니다. 요컨대, 지금까지의 일인 비 내림에 중점을 두고, 비 내림을 강조한 말입니다. 잊지 말아야 할 점은 잠깐 내린 비로 마당에 빗물이 고이지 않는다는 것입니다. 강우가 얼마 동안 진행되어야, 시간이 얼마간 경과해야 합니다. 비가 내리고 있지 않아도, 현재완료진행으로 표현합니다.

31-11-ⓐ] <u>Have</u> you <u>played</u> computer games?

ⓑ] <u>Have</u> you <u>been playing</u> a computer game?

ⓐ "(지금껏) 컴퓨터 게임했니? (이제 그만하고 공부해야지.)" 이런 말입니다.

ⓑ "(이 녀석아! 내일이 시험인데, 공부는 안 하고) (지금까지) 컴퓨터 게임을 '하고 있었니?' 또는 '하고 있니?' 또는 '했니?' (언제 정신 차릴래?)" 이런 말입니다. 요컨대, 지금까지의 일인 컴퓨터 게임에 중점을 두고 물은 말입니다. 컴퓨터 게임을 강조하며 묻고 있습니다. 불만 가득한 말로 들립니다.

▷ 상황에 따라 불평·불만을 나타내기도 합니다.

예 How long has she been talking on the phone?
　　she는 대체 얼마 동안 전화기를 붙들고 있는 거야? (무슨 전화를 저렇게 오래 해.)

You've been watching TV all day long.
　어떻게 된 애가 온종일 TV만 보니. (공부 좀 해라.)

31-12-ⓐ] <u>Have</u> <u>you</u> <u>waited</u> (for someone)?

(집에 안 가고 여태 누굴) 기다렸니?

ⓑ] <u>Have</u> <u>you</u> <u>been</u> <u>waiting</u> (for me) <u>long</u>?

개념2: 기다린 지 오래되었니? (지금까지 진행되던 일에 중점이 있음)
개념3: 오래 기다렸지? (지금까지의 일에 중점을 둠)

ⓐ 지금껏 지속된 일을 묻고 있습니다.
ⓑ "(지금까지) 오래 기다렸지? (오래 기다리게 해서 미안해. I'm sorry to have you waiting long.)" 이런 뜻이면 개념3으로 해석됩니다. waiting을 힘주어, 지금까지의 일인 기다림에 중점을 두고 물으면, 그만큼 미안함이 더해집니다.

▷ 개념3에 맞추어 'I've been LOOKING for you for an hour.'는 '한 시간 동안 다른 일이 아닌 너를 찾아다녔다. 너를 찾아다니느라 한 시간이나 보냈다.' 이렇게 강한 어조로 받아들여집니다.

31-13-ⓐ] Ella <u>has cried</u> for more than two hours.

ⓑ] Ella <u>has been crying</u> for more than two hours.

ⓐ 엘라가 두 시간 넘게 울었다는, '많이' 울었다는 말입니다. "엘라가 힘들어 해요", "어디 아픈가 봐요." 이처럼 결과적인 현상태를 나타낸 말로 이해하면 됩니다. (엘라가 지금도 앞으로도 우는지는 문제 삼지 않습니다.)
ⓑ 엘라가 운 지 두 시간이 넘었다는, '오랫동안' 울고 있다는 말입니다. "도무지 울음을 그치지 않아요", "무슨 애가 이렇게 우는지." 이처럼 지금까지의 일인 울음에 중점을 둔 말로 이해하면 됩니다. (지금 엘라가 울고 있지 않으면 방금 울음을 그쳤을 것입니다. 앞으로도 우는지는 문제 삼지 않습니다.)

예] I've been feeling cold since I came home.
(왜 이렇게 춥죠?) 집에 온 이후로 한기를 느끼고 있어요. (추움에 중점을 둔 말)

현재완료진행

31-14-ⓐ] What have you done?
　　　　(지금껏) 무엇을 했느냐? (결과가 무엇이냐?)

　ⓑ] What have you been doing?
　　　　(지금까지) 하고 있던[하고 있는/한] 일이 무엇이냐?

　ⓐ 결과를 물은 말입니다. 역으로, 지금껏 일어난 결과를 보고 물은 말이기도 합니다. 안 좋은 일이 벌어졌으면, "무슨 짓을 했느냐?" 이처럼 해석됩니다. '결과'가 중요! (focus on results)
　ⓑ 지금까지 '하고 있던', 또는 '하고 있는', 또는 '한 일'이 무엇이냐고, 지금까지의 일에 중점을 두고 물은 말입니다. 무슨 '일'인지, 지금까지의 '일'이 중요! (focus on activities)
　▷ 엄마가 가출한 딸을 두 달 만에 만났습니다. 엄마는 딸이 그동안 무엇을 하며 지냈는지, 지금까지 한 일이 몹시 궁금할 것입니다. 당연히, 엄마는 지금까지의 일에 중점을 두는 현재완료진행으로 물었을 것입니다.
　　예] What have you been doing for two months since you ran away from home? 가출한 뒤로 두 달 동안 뭐 하며 지냈니?

31-15-ⓐ] I have fixed my bike.
　　　　"자전거를 고쳤어."

　ⓑ] "Why are your hands so dirty?"
　　　　"왜 이렇게 손이 더럽니?"
　　"I have been fixing my bike."
　　　　"(지금까지) 자전거를 고치고 있었어[고치고 있어/고쳤어]."

　ⓐ 자전거를 고쳐 결과적으로, 지금은 자전거를 탈 수 있다는 말입니다.
　ⓑ 지금까지의 일, 다시 말해 지금까지 무슨 '행위(an activity)'를 했는지가 중요! 지금까지의 행위인 fixing에 중점을 둔 말입니다. (손이 더러운 이유: 지금까지의 행위가 다른 일이 아닌 'fixing'이기 때문)

책을 빌리러 철수 집에 찾아간 영희, 대문을 열어 준 철수를 보고 깜짝 놀랐습니다. 철수 옷에 페인트가 잔뜩 묻어 있었습니다. 영희는 철수가 '지금까지 하고 있었거나, 하고 있거나, 한 일'이 분명 궁금했을 것입니다. 그럼 영희는 ⓐ로 물었을까요, ⓑ로 물었을까요? 철수는 ⓐ로 대답했을까요, ⓑ로 대답했을까요?

31-16-ⓐ] "What have you done?"
"(지금껏) 뭘 했니?"

"I have painted the wall."
"벽에 페인트칠했어."

ⓑ] "What have you been doing?"
"(지금까지) 뭘 하고 있었니[뭘 하고 있니/뭘 했니]?"

"I have been painting the wall."
"벽에 페인트칠하고 있었어[페인트칠하고 있어/페인트칠했어]."

ⓐ 페인트칠을 끝마친 상황에서, 말하자면 벽이 흰색이었다가 녹색이 되었다는 말입니다. (interested in the result of painting, 영희는 '결과적인 현상태'에 관심이 있음)

ⓑ 지금까지의 일이 다른 일이 아닌 '페인트칠', '페인트칠'이라는 행위를 강조! (옷에 페인트가 묻은 이유: 지금까지의 행위가 다른 일이 아닌 'painting'이기 때문) 영희의 물음과 철수의 대답으로 적절합니다. (interested in the activity of painting 영희는 '지금까지의 일'에 관심이 있음)

▷ 철수를 본 순간, 영희는 철수가 페인트칠을 끝마쳤는지, 아직도 하고 있는지 궁금했을까요? 깜짝 놀란 그 와중에 궁금해하면 오히려 이상합니다. (철수는 페인트칠을 끝마쳤을 수도 있고, 하는 중일 수도 있습니다. 하지만 이 문제는 영희의 안중에 없습니다.)

예] What book have you been reading all day long?
온종일 무슨 책을 읽고 있었니[읽고 있니/읽었니]?

남녀가 알고 지내는 것과 사귀는 것은 많이 다르지 않을까요?

31-17-ⓐ] How many months[How long] have you known Betty?
몇 달 동안[얼마 동안] 베티랑 알고 지냈니?

ⓑ] How long have you been seeing Betty?
베티랑 사귄 지 얼마나 되었니?

ⓐ 지속된, 알고 지낸 상태의 기간을 물은 말입니다.
ⓑ 사귐은 알고 지냄에 비하면, 비중이 높고 관심이 많이 가는 일입니다. 이런 일이 지금까지의 일이랍니다. 현재완료진행으로 묻지 않을 수 없습니다.

마지막으로, 인사말입니다.

31-18-ⓐ] How have you been?
그동안 잘 지냈니?

ⓑ] How have you been doing?
그동안 어떻게 지냈니?

ⓐ 오랜만에 만난 지인 사이의 인사말입니다.
ⓑ "Long time no see!"로 대신할 수 있는, 정말 오랜만에 만난 사이의 인사말입니다. ⓐ로 인사하기에는, 반갑기도 하고 놀랍기도 한데, 표현이 부족합니다. ⓑ는 우리말로 "(이게 누구야? 홍길동 아니야?) 그동안 뭐 하면서 살았니? 어떻게 지냈니?" 이처럼 옮길 수 있습니다.

현재완료진행

- ✓ 지금까지의 상황을 묘사
  - I have been studying since lunch.
- ✓ 중점이 있는, 지금까지 진행되던 일
  - It has been raining for six hours.
- ✓ 중점을 둔 지금까지의 일
  - It has been raining.

'현재시제', '현재시제 진행상', '현재시제 완료상', '현재시제 완료진행상'이 내 것이 되었습니까?

문법이 아무리 어렵더라도, 생각만 하면 쉽게 받아들일 수 있습니다. 그렇습니다. 집어넣지 않고 받아들일 때, 문법은 내 것이 됩니다. 무엇보다 재미있습니다.

시제와 상을 알아 갈수록 흥미진진해집니다. 여세를 몰아 과거시제와 관련된 시제 형식을 내 것으로 만들겠습니다.

31-1] 비가 온 지 여섯 시간이 되었다.

....

31-2] 점심때부터 공부를 오래 했더니 피곤하네요.

....

31-3] he가 여기서 일한 지 2년이 되었습니다.

....

31-4] 책을 써 온 지 얼마나 되었나요?

....

31-5] he가 여기서 일한 지 얼마나 오래되었습니까?

....

31-6] she는 아침부터 테니스를 치고 있어요.

....

31-7] he가 저녁 식사를 한 지 얼마나 지났습니까?

....

31-8] he가 파리에서 산 지 10개월이 지났습니다.

....

31-9] he는 운전한 지 오래되지 않았습니다.

....

31-10] (마당에 빗물이 고인 것을 보고) 비가 왔네.

．．．

31-11] (공부는 안 하고) 지금까지 컴퓨터 게임을 하고 있었니?

．．．

31-12] (미안해.) 오래 기다렸지?

．．．

31-13] 엘라가 운 지 두 시간이 넘었어요.

．．．

31-14] (지금까지) 한 일이 무엇이냐?

．．．

31-15] "왜 이렇게 손이 더럽니?" "자전거를 고치고 있었어."

．．．

31-16] "(지금까지) 뭘 하고 있었니?" "벽에 페인트칠하고 있었어."

．．．

31-17] 베티랑 사귄 지 얼마나 되었니?

．．．

31-18] (이게 누구야?) 그동안 어떻게 지냈니?

．．．

현재완료진행

Unit 6

과거시제 & 상
The Past Tense & Aspect

　　　　과거시제 진행상
　　　　과거시제 완료상
　　　　과거시제 완료진행상

　위와 같은 순서로 과거시제 형식을 살펴보겠습니다. 쉽지 않은 현재시제 형식을 모두 내 것으로 만든 뒤라, 어렵지 않게 눈에 들어올 것입니다.

과거시제 진행상
The Past Tense − Continuous Aspect

과거시제 문장은 '과거사+과거시점'입니다. 여기에 진행상이 결합하면? 네, 그렇습니다. 과거진행 문장은 '진행 중이던 과거사+과거시점'입니다. 형태는 'was[were]+~ing'입니다.

여러분

'과거진행' 하면, '과거시점에서 진행 중이던 과거사'가 떠오릅니다. 혹여나, 과거진행에도 생각을 마비시키고, 말맛을 느끼지 못하게 하는 선입견이 있지 않을까요?

아래 예문을 해석하면?

- I was walking home when I met Betty.
  − 동사구: was(과거시제) + walking(진행상)

'베티를 만났을 때 집에 가고 있었어.' 이렇게 해석할까봐 질문을 드린 것입니다.

─| 과거진행은 어떤 일을 나타낼까?

- 샤워했다. / 전화가 왔다.

위 예문으로 만든 적절한 과거진행 문장은 a일까요, b일까요?

①-a 샤워했을 때, 전화가 오고 있었다.
   b 전화가 왔을 때, 샤워하고 있었다.

'샤워했다.'와 '전화가 왔다.' 중, 보다 더 '시점 at the time'으로 생각되는 일은? 물어보나 마나 '전화가 왔다.'입니다. b가 적절한 과거진행 문장입니다. 과거시점에는 'when'이 붙습니다.

①-b I was having a shower when the phone rang.
   (= When the phone rang, I was having a shower.)
   - 진행 중이던 과거사: 샤워하고 있었음
   - 과거시점: 전화가 왔을 때, when이 붙음 (when: 시점의 접속사)

개념1 ■ 진행 중이던 과거사 (과거진행) + 과거시점 (when+과거시제)

①-b를 통해, 과거진행 문장이 '진행 중이던 과거사+과거시점'라는 개념을 잡았습니다. 그런데 이것이 전부가 아닙니다. (이것만 알면 50점)

질문을 다시 하겠습니다.

- 샤워했다. / 전화가 왔다.

위 예문으로 만든 적절한 과거진행 문장은 a일까요, b일까요?

②-a 전화가 오고 있는데 샤워했다.
　　b 샤워하고 있는데 전화가 왔다.

'샤워했다.'와 '전화가 왔다.' 중, 보다 더 '기간 during the time'으로 여겨지는 일은? 물어볼 것도 없이 '샤워했다.'입니다. b가 적절한 과거진행 문장입니다.

②-b <u>While</u> I <u>was having</u> a shower, the phone rang.
　　　(= The phone rang while I was having a shower.)
　　- 과거 배경사건: 샤워하고 있었음, while이 붙음 (while: 기간의 접속사)
　　- 과거사: 전화가 왔음

'샤워하고 있는데'는 when이 붙는 과거시점이 아닙니다. 다름 아닌, '전화가 왔다'의 '배경사건 background events'입니다. 배경사건에는 'while'이 붙습니다.

개념2 ■ 과거 배경사건 (while + 과거진행) + 과거시점 (과거시제)

②-b를 통해, 과거진행이 과거 배경사건도 나타낸다는 사실을 알았습니다. 과거진행 문장이 '과거 배경사건 + 과거사'라는 개념도 잡았습니다. (이것도 알아야 100점)

- 집에 갔다. / 베티를 만났다.

확인 질문입니다. 위 예문으로 만든 적절한 과거진행 문장은 a일까요, b일까요?

③-a 베티를 만났을 때 집에 가고 있었다.
  b 집에 가다가 베티를 만났다.

네, 그렇습니다. 문맥상, b입니다.

③-b While I was walking home, I met Betty.

'집에 가고 있었음'이 배경사건이 되어 '집에 가는 도중에'라는 뜻으로 쓰였습니다.

배경사건이 그다지 중요하지 않은 일이면, while 대신 'as'를 쓸 수 있습니다.

- As I was walking down the street, I met Betty.
  길을 가다가 베티를 만났어.
  – 이때의 as는 접속사
  – as가 이끄는 배경사건은 주로 문두에 옴

주의! 배경사건에 while 대신 when을 더러 쓰기도 하는데, 진행 중이던 일을 강조하는 느낌은 들지만, 안 쓰는 것이 좋습니다. when은 ①-b와 같이 과거시점에 붙는 것이 일반적입니다.

생각 더하기
17. when과 while

①-b I was having a shower <u>when</u> the phone rang.
②-b <u>While</u> I was having a shower, the phone rang.

위 예문은 아래 대화와 같이 what과 why로 물어보는 의문사가 다릅니다.

대화1 "<u>What</u> were you doing when I called?"
"내가 전화했을 때 뭐 하고 있었니?"
"I was having a shower."
"샤워하고 있었어."

대화1은 전화가 왔을 때의 상황을 말하고 있습니다.

대화2 "<u>Why</u> didn't you answer my phone call?"
"왜 내 전화 안 받았니?"
"While I was having a shower, the phone rang. So I couldn't answer it."
"샤워하고 있는데 전화가 와서 받을 수가 없었어."

대화2는 전화를 못 받은 이유나 근거가 되는 배경사건을 말하고 있습니다. 이렇듯 배경사건은 과거사의 이유나 근거가 되기도 합니다.

과거진행

생각 더하기
18. 중단되는 과거진행

- I <u>was playing</u> the computer game when my mother <u>came</u> in.
  - 진행 중이던 일: 컴퓨터 게임을 하고 있었음
  - 과거시점의 일: 엄마가 들어오심

위 예문은 단순히 엄마가 들어오셨을 때의 상황을 묘사한 말이 아닙니다.

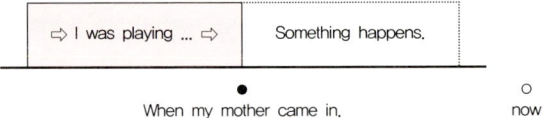

위 그림과 같이, 과거시점의 일로 '진행 중이던 일이 중단된', 즉 '하고 있던 일을 못하게 된' 상황입니다. 또한, 예기치 못한 과거시점의 일로 (좋은 일이든, 안 좋은 일이든) '뜻하지 않은 무슨 일이 생긴' 상황입니다.

위 예문은 '컴퓨터 게임을 하고 있었는데, 그때 엄마가 들어오셨어.'라는 말이고, 이를테면 '그 바람에 컴퓨터 게임을 못하게 됐어.'라는 말이 이어졌을 것입니다.

- I <u>was walking</u> home when I <u>met</u> Betty.
  집에 가고 있는데, 그때 베티를 만났어. (카페에 가서 같이 커피를 마셨지.)

- I <u>was walking</u> down the street when it <u>started</u> to rain. I <u>bought</u> an umbrella.
  길을 가고 있는데, 그때 비가 오는 거야. 우산을 샀지.

> 과거진행의 영역과 개념

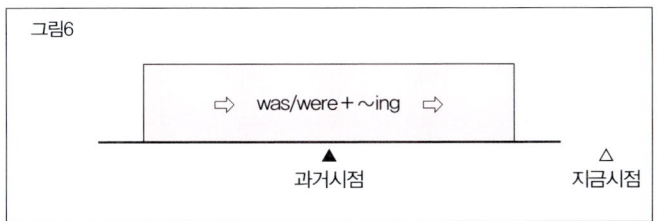

그림6이 보여 주듯이, 현재진행이 그대로 과거영역으로 들어와 있습니다. 과거시점은 과거진행의 기준시입니다.

예문32는 과거시점에서 진행 중이던 과거사와 과거 배경사건을 묘사한 과거시제 진행상 문장입니다.

> 개념1: 과거시점에서 진행 중이던 과거사

32-1] "What <u>were</u> you <u>doing</u> yesterday afternoon at about two o'clock?"
"We <u>were playing</u> soccer."

32-2] "<u>Was</u> she <u>living</u> in Jeju at this time last year?"
"Yes, she was. / No, she wasn't."

32-3] It <u>was raining</u> when I got up this morning.

32-4] When he arrived, I <u>was phoning</u> Betty.

32-5] He <u>was selling</u> it at half-price by yesterday.

32-1] "너희들 어제 오후 2시쯤에 뭘 하고 있었니?" "축구하고 있었어요." [32-2] "she는 작년 이맘때 제주에 살고 있었나요?" "네, 살고 있었어요. / 아니요, 살고 있지 않았어요." [32-3] 아침에 일어나 보니, 비가 내리고 있었다. [32-4] he가 도착 했을 때, 나는 베티와 통화하고 있었다. [32-5] he는 어제까지 그것을 반값에 팔고 있었다.

32-4]　베티와 통화하고 있는데 he가 도착했으니, he가 도착하기 '전에' 베티에게 전화를 걸었습니다. (= I called before his arrival.)

주의!　'과거시제, 과거시제'인 'When he <u>arrived</u>, I <u>called</u> Betty.'는 두 과거사의 순차적인 나열입니다. he가 도착한 '후에' 베티에게 전화를 걸었습니다. (= I called after his arrival.)

아래 예문은 시점의 접속사 'when'으로 문장과 문장을 잇지 않고, 두 문장으로 나타냈습니다. 그래도 어떤 일이 과거시점인지 과거시제 문장으로 쉽게 알 수 있습니다.

32-6] I saw you in the library yesterday. You <u>were sleeping</u>!

32-7] "I called you yesterday but there was no answer."
"I am sorry I didn't answer your call.
I <u>was working</u> in the garden all day."

32-6] 도서관에서 어제 너를 봤어. 자고 있더라. [32-7] "어제 너한테 전화했는데 안 받더라." "못 받아서 미안해. 온종일 정원에서 일하고 있었어."

32-8] I <u>was cooking</u> when I burned my hand.
32-9] I <u>was running</u> when I slipped and fell.

32-8] 요리하다가 손을 데었다. [32-9] 뛰다가 미끄러져 넘어졌다.

32-8/9] 진행 중이던 일이 과거시점의 일로 중단된 (과거시점의 일이 진행 중이던 일을 중단시킨) 경우로, 이를테면 '손을 데어 더는 요리를 못하게 되었다.' / '미끄러져 넘어지는 바람에 계속 뛸 수 없었다.'라는 말입니다.

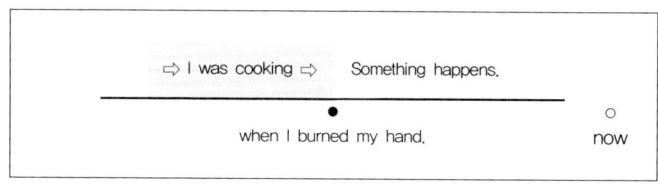

과거진행

개념2: 과거 배경사건 중에 핸[일어난] 과거사

32-10] While she was watching TV, she fell asleep.

32-11] While she was sleeping, her husband came home.

32-12] "What did you do while you were waiting for your husband?"
"I watched TV."

32-13] "Did he come home while you were sleeping?"
"Yes, he did."

32-14] He was reading the newspaper while she was washing the dishes.

32-10] she는 TV를 보다 잠들었다. [32-11] she가 잠자는 사이에 남편이 집에 왔다. [32-12] "남편을 기다리는 동안 뭘 했니?" "TV 봤어." [32-13] "네가 잠자는 사이에 남편이 집에 왔니?" "응, 왔어." [32-14] she가 설거지하고 있는 동안, he는 신문을 보고 있었다.

32-10] ▶ while + 현재진행

  예 I often listen to classical music while I'm having breakfast.
  종종 아침을 먹는 동안 클래식을 듣는다.

32-14] 두 과거사건이 '동시에' 진행되면 '과거진행 + while 과거진행'으로 나타냅니다.

  ▶ while + 과거시제

  예 while I was on holiday 휴가 동안 / while I was asleep 잠든 사이

> **생각 더하기**　19. 과거진행과 과거시제
>
> 아래 예문은 둘 다, 과거 어느 한 때의 일입니다.
>
> ① I <u>was travelling</u> by bicycle all week.
> ② I <u>travelled</u> by bicycle all week.
>
> ①은 '일주일 내내 자전거로 여행하고 있었다.'라는 말입니다. ('진행 중이던 일'로, 여행 기간이 일주일 이상입니다.) 'I was very tired. 몹시 피곤했다.'라는 말이 이어질 만합니다.
>
> ②는 '일주일 내내 자전거로 여행했다.'라는 말입니다. ('지난 일'로, 여행 기간이 일주일 이상은 아닙니다.) 'I travelled a long way. 먼 길을 여행했다.'라는 말이 이어질 만합니다.

여러분

과거진행은 과거시점에서 진행 중이던 '한시적인/일시적인 일'을 나타냅니다. 이런 일에는 과거의 '변화·예정·불평'이 있습니다. 영역이 다를 뿐, 현재진행 용법과 대동소이합니다.

예문33은 과거의 변화 · 예정 · 불평을 나타낸 과거시제 진행상 문장입니다. ★ 예문21, 예문22, 예문23과 비교 ☞ p. 145, 148, 151

33-1] It was getting dark when I got there.
33-2] The price of oil was going up this time last year.
33-3] He was growing impatient with the lack of money.

변화: 33-1] 그곳에 도착했을 때 어두워지고 있었다. [33-2] 작년 이맘 때 유가가 오르고 있었다. [33-3] he는 자금 부족으로 점점 조바심을 내고 있었다.

33-4] He was arriving at ten yesterday morning.
33-5] I was seeing my dentist the follow week.
33-6] Were you leaving for Busan that night?

예정: 33-4] he는 어제 아침 10시에 도착할 예정이었다. [33-5] 그 다음 주에 치과에 갈 예정이었다. [33-6] 그날 밤 부산으로 떠날 계획이었나요?

33-7] The stupid computer was always breaking down.
33-8] My husband was always forgetting our wedding anniversary.
33-9] My son was forever playing computer games when he went to middle school.

불평: 33-7] 그놈의 컴퓨터는 툭하면 고장이었어. [33-8] 남편은 매번 결혼기념일을 잊어 먹더라니까. [33-9] 아들 녀석은 중학교에 가더니 맨날 컴퓨터 게임만 하더라고.

현재[완료]진행과 마찬가지로, 과거[완료]진행도 지속성을 지닌 상태 동사는 진행형으로 쓰이지 않습니다.

* NOT I was knowing Betty.
* NOT I have[had] been knowing Betty since last year.

・・・

과거진행

✓ 과거 상황 묘사1: **진행 중이던 과거사 + 과거시점**
　　― It was raining when I got up this morning.

✓ 과거 상황 묘사2: **과거 배경사건 + 과거사**
　　― While she was watching TV, she fell asleep.

✓ **진행 중이던 일의 중단**
　　― I was cooking when I burned my hand.

✓ **과거의 변화 · 예정 · 불평**
　　― It was getting dark when I got there.
　　　He was arriving at ten yesterday morning.
　　　The stupid computer was always breaking down.

32-1]　"너희들 어제 오후 2시쯤에 뭘 하고 있었니?"

　　　　"축구하고 있었어요."

32-2]　"she는 작년 이맘때 제주에 살고 있었나요?"

　　　　"네, 살고 있었어요. / 아니요, 살고 있지 않았어요."

32-3]　아침에 일어나 보니, 비가 내리고 있었다.

32-4]　he가 도착했을 때, 나는 베티와 통화하고 있었다.

32-5]　he는 어제까지 그것을 반값에 팔고 있었다.

32-6]　도서관에서 어제 너를 봤어. 자고 있더라.

32-7]　"어제 너한테 전화했는데 안 받더라."

"못 받아서 미안해. 온종일 정원에서 일하고 있었어."

32-8] 요리하다가 손을 데었다.

32-9] 뛰다가 미끄러져 넘어졌다.

32-10] she는 TV를 보다 잠들었다.

32-11] she가 잠자는 사이에 남편이 집에 왔다.

32-12] "남편을 기다리는 동안 뭘 했니?"

"TV 봤어."

32-13] "네가 잠자는 사이에 남편이 집에 왔니?" "응, 왔어."

32-14] she가 설거지하고 있는 동안, he는 신문을 보고 있었다.

33-1] 그곳에 도착했을 때 어두워지고 있었다.

....

33-2] 작년 이맘 때 유가가 오르고 있었다.

....

33-3] he는 자금 부족으로 점점 조바심을 내고 있었다.

....

33-4] he는 어제 아침 10시에 도착할 예정이었다.

....

33-5] 그 다음 주에 치과에 갈 예정이었다.

....

33-6] 그날 밤 부산으로 떠날 계획이었나요?

....

33-7] 그놈의 컴퓨터는 툭하면 고장이었어.

....

33-8] 남편은 매번 결혼기념일을 잊어 먹더라니까.

....

33-9] 아들 녀석은 중학교에 가더니 맨날 컴퓨터 게임만 하더라고.

....

과거시제 완료상
The Past Tense – Perfect Aspect

과거시제 영어문장을 해석하면, 어김없이 '-었-'이 들어갑니다. 그럼 과거완료 영어문장을 해석하면 어떤 말이 들어갈까요? 대개 '-었었-'으로 대답합니다. 과연 그럴까요?

우리답게 '-었었-'을 먼저 살펴보겠습니다.

〉 문법형태 '-었었-'

['-었었-'은 단일 형태입니다. '-었-'과 더불어 과거시제를 나타냅니다. ('-았었-'과 '-ㅆ었-'을 포함, '-었었-'을 주 형태로 삼음, 이하 '었었/았었/ㅆ었')]

'었었'은 '었'에 '었'을 더한 만큼 시간적 거리감이 멀고, 먼 만큼 '막연한 느낌'이 듭니다. '먼 과거'와 잘 어울리고, 특히 옛일을 추억하며 말할 때 적격입니다.

- 옛날에는 보리밥을 먹었었다.
- 어렸을 적에 친구들과 강가에서 놀았었지.
- 왕년에 축구 좀 했었어.

'었었'은 '었'과 같은 과거시제 문법형태지만, '었'과 다른 특성을 지닙니다. 아래 예문을 비교해 보십시오.

①-a 그이는 중국에 갔다.
　　b 그이는 중국에 갔었다.

a는 '과거에 그이가 중국에 갔고, 지금은 여기에 없다'는 말로 들립니다. * He has gone to China. (= He went to China. He is not here.)

반면에, b는 '과거에 그이가 중국에 간 적이 있고, 지금은 여기에 있다', 즉 '중국에 갔다 왔다, 중국에 가 보았다'는 말로 들립니다. 이렇듯 '었었'은 '왕복성, 회귀성'을 지니고, '경험'을 나타냅니다. * He has been to China. (= He went to China and came back. He is here.)

'었었'에는 눈여겨봐야 하는 또 다른 특성이 있습니다.

②-a 그이는 날씬했다.
　 b 그이는 날씬했었다.

a도 b도 지금은 그이가 날씬하지 않다는 말로 들립니다. 그런데 반대의 의미가 a보다 b가 훨씬 강하게 느껴집니다. 이유는 '었었'이 '었'에 '었'을 더한 만큼, 지금과 완전히 단절된 과거를 나타내기 때문입니다. '었'에 비해, '었었'은 과거와 뚜렷이 반대되는 지금을 내포합니다.

　　　　'었었'의 특성
　　　　└ 막연한 느낌의 먼 과거
　　　　└ 경험
　　　　└ 과거와 뚜렷이 반대되는 지금

강조하고 싶은 점은 방금 살펴본 '었었'의 특성 세 가지에 해당되지 않으면, 굳이 '었었'을 쓸 필요가 없다는 것입니다. 아래 예문을 비교해 보십시오.

③-a 철수가 도착했을 때, 영희는 이미 <u>떠났다</u>.
　b 철수가 도착했을 때, 영희는 이미 <u>떠났었다</u>.

a로 말해도, 초등학생도 누가 먼저고 나중인지 알아듣습니다. a로 해석해도, 두 과거사건의 선후 관계가 선명하게 파악됩니다. 말맛도 깔끔합니다. b로 해석하면, 영희의 떠남에 쓸데없이 막연함만 더합니다. 말맛도 썩 좋지 않습니다.

③ When he arrived, she <u>had</u> already <u>left</u>.
　　　철수가 도착했을 때, 영희는 이미 떠났다.

③을 통해, (과거시제뿐 아니라) 과거완료 영어문장도 ('었었'이 아닌) '었'으로 해석한다는 사실을 알았습니다. 앞으로, 필요하면 '이미 벌써, 먼저'와 같은 부사를 써서 '었'으로 해석해야겠습니다.

[경우에 따라 무표(∅)가 현재시제와 진행상을 동시에 나타내듯이, '었'도 과거시제와 완료상을 동시에 나타냅니다. ★ 국어의 진행상 ☞ p. 130]

무분별하게 '었었'이 들어간 번역 투의 해석을 볼 때마다, 영어의 과거완료를 지나치게 의식한 나머지, 국어를 영어에 억지로 끼워 맞춘 듯한 인상을 받습니다. '었었'이 주체성을 잃고, 영어의 과거완료를 흉내 낸 것 같다는 생각마저 듭니다. (문자는 '한글'과 '한글 이외의 문자'로 나뉩니다. 비교 불가! 이 세상에서 가장 쉬운 문자이면서 가장 아름다운 문자, 가장 단순한 문자이면서 극도의 추상성을 지닌 문자, 한글을 사용하는 우리는 정말 축복받은 사람들입니다. 적어도, 영어에 끌려 다니지는 말아야겠습니다.)

'었'은 과거시제뿐 아니라 현재완료와 과거완료에도 두루두루 쓰입니다. 이는 '떠났다'가 과거시제도, 현재완료도, 과거완료도 될 수 있다는 의미입니다.

국어는 '떠났다'만 보고는 과거시제인지, 현재완료인지, 과거완료인지 시각적으로 구별되지 않습니다. 그래도 불편함이 없는 이유는 정황어인 국어, 정황으로 구별되기 때문입니다.

국어는 '었'이 어떤 시제 형식인지, 자체만으로는 시각적으로 구별이 안 될 뿐 아니라, 문법적으로 경계도 뚜렷하지 않습니다. 이제 막 국어를 배우기 시작한 외국인은 '었' 때문에 무척이나 애먹을 것입니다. 반면에, 영어는 여러 시제 형식이 시각적으로 구별될뿐더러 문법적으로 경계도 뚜렷합니다. 국어보다 배우기가 훨씬 쉽다는 말입니다. 이제 곧 과거완료를 살펴볼 텐데, 국어를 배우는 외국인만큼 애먹기야 하겠습니까?

더는 거칠 것이 없습니다. 과거완료의 상황과 의도를 익히겠습니다. 과거완료를 내 것으로 만들겠습니다.

─| 과거완료는 어떤 상황에서 어떤 의도로 쓰일까?

과거완료에서, 괴상하게 부르는 문법용어가 하나 있어, 먼저 정리하고 넘어가겠습니다.

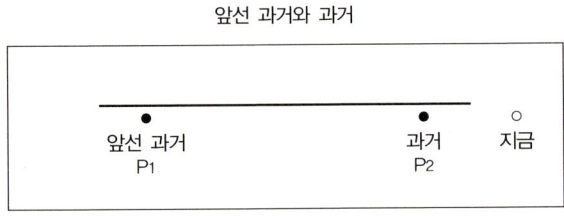

앞선 과거와 과거

P1이 P2보다 앞섬, 먼저 일어남

보통 문법책은 ▶ 과거시점보다 앞선 시점의 과거를, P2보다 먼저 일어난 P1을 '大' 자를 써서 '대과거'로 부릅니다. ◀ 먼 과거면 모를까, 어째서 대과거? 시간을 크기로 말하는 사람도 있나? 그저께는 큰 시간이고, 어제는 작은 시간이라는 말인가? '먼저 일어난 것'이 '크다'는 것과 도대체 무슨 상관이 있단 말인가?

눈을 씻고 봐도, '크다'에는 '먼저 일어나다, 앞서다' 이런 뜻이 들어 있지 않습니다. 그런데 왜 대과거? 괴상한 말이니 마땅히 고쳐 불러야 합니다. 개념 있는 문법용어를 쓰는 우리는 P1을 "앞선 과거 the earlier past"라고 합니다. 앞으로, '과거완료' 하면 앞선 과거! (P2는 "뒤선 과거"라고 하지 않고 "과거"라고 합니다.)

한편, 과거시제와 관련된 문장에는 기준시인 과거시점이 있어야 합니다. 즉, P2는 과거완료의 기준시입니다.

〉 과거완료의 영역과 개념

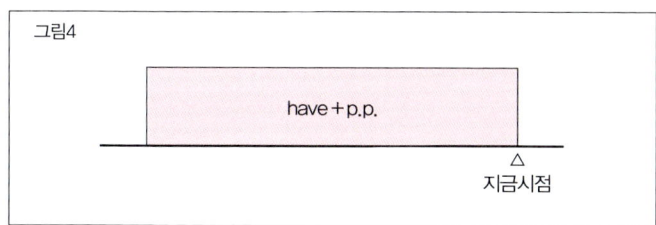

현재시제 완료상 영역

과거시점부터 지금시점 미만

그림4를 과거로 옮기면 그림7이 됩니다.

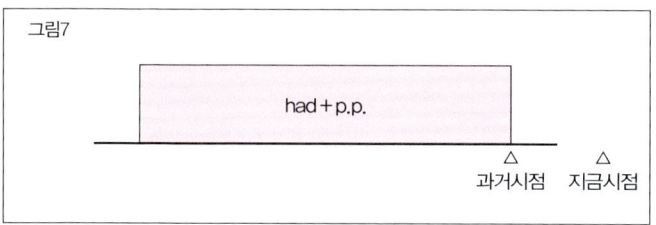

과거시제 완료상 영역

앞선 과거시점부터 과거시점 미만

과거완료 형태는 'had+p.p.'입니다. 그림7이 보여 주듯이, 영역은 '앞선 과거시점부터 과거시점 미만[△]'입니다. 과거완료는 과거영역에 있지만, 과거 시제와 많이 다릅니다.

철수가 영희를 만나기로 했는데, 너무 늦게 도착했습니다.

① After she left, he arrived. (= Before he arrived, she left.)
   영희가 떠난 후에[P1] 철수가 도착했다[P2]. (= 철수가 도착하기 전에[P2] 영희가 떠났다[P1].)

② She had already left when he arrived.
   철수가 도착했을 때[P2], 영희는 이미 떠났다[P1].
   - 동사구: had(과거시제) + left(완료상)

먼저 일어난 앞선 과거라도, ①과 같이, P1도 과거시제로 나타낼 수 있습니다. 궁금합니다. P1이나 P2나 같은 과거인데, ①처럼 과거시제로 나타낼 수 있는데, 굳이 시제 형식을 달리 하면서까지, ②는 왜 P1을 과거완료로 나타냈을까요?

과거완료[P1]와 과거시제[P2]

●　　　　　　●　　　　○
앞선 과거　　 과거　 　 지금
P1　　　　　 P2
(영희 떠났음)　(철수 도착했음)

①은 P1과 P2의 순차적인 나열로 선후 관계만 나타낼 뿐입니다.

하지만 ②는 단순히 '누가 먼저 갔다, 누가 나중에 왔다.' 이런 말이 아닙니다. '먼저 떠나고 늦게 도착하는 바람에 철수가 영희를 만나지 못했다.'라는 말입니다. 완료 형식의 속성은 연관성! (과거가 지금과 연관이 있는 현재완료처럼) 요컨대, P1과 P2가 인과관계로 연관이 있습니다. 단순한 선후 관계가 아니라는 것입니다.

P1과 P2가 연관이 있으므로, P1과 P2의 순서가 바뀌면 결과가 달라집니다. (철수는 영희를 만났을 것입니다.) 결과가 달라지는 만큼, P1과 P2의 순서가 중요한 상황입니다. 이러한 상황에서 P1을 과거완료로 나타내는 것입니다. 확실히 하면,

③ I <u>had</u> just <u>had</u> pizza. So I wasn't hungry at that time.
　　피자를 막 먹고 난 뒤래[P1]. 그때는 배가 안 고팠어[P2].
　- 동사구: had(과거시제) + had(완료상)

피자를 먼저 먹어야 배가 고프지 않습니다. ③은 P1과 P2의 순서가 바뀌면 안 되는, 그만큼 순서가 중요한 상황입니다. 바로 이런 상황에서 앞선 과거인 P1을, 즉 '피자를 먹었음'을 과거완료로 나타냅니다.

②③을 통해, P1을 과거완료로 나타내는 이유가 밝혀졌습니다. P1과 P2가 연관이 있고, 연관이 있어 P1과 P2의 순서가 중요한 상황이기 때문입니다.

개념 ■ 과거의 일[P2]보다 앞선 과거의 일[P1]
　　　- P1과 P2가 연관이 있음 (연관이 있음 〉 소유 개념 〉 had로 표현)
　　　- P1과 P2의 순서가 중요

주의! 단지 먼저 일어났다고 P1을 과거완료로 나타내는 것이 아닙니다. 먼저 일어났어도, P2와 연관이 없고 순서가 중요하지 않으면 P1을 과거완료로 나타낼 필요가 없습니다. ①을 보면 알 수 있듯이, 두 과거사건의 선후 관계는 after나 before를 써서 과거시제만으로도 충분히 나타낼 수 있습니다.

예문34는 두 과거사건이 연관이 있고, 순서가 중요한 '과거완료[P1]＋과거시제[P2]' 문장입니다.

[과거완료 용법은 영역이 다를 뿐, 현재완료 용법과 대동소이합니다.]

34-1] Yesterday Betty rode a horse for the first time. She'd never <u>ridden</u> a horse before. (she'd = she had)

34-2] Betty went to China last year. It was her second time there. She'd been there once before.

경험: [34-1] 베티는 어제 말을 처음 타 봤다. 그 전에는 타 본 적이 없었다. [34-2] 베티는 작년에 중국에 갔다. 두 번째였다. 그 전에 한 번 가 봤다.

34-1] (= It was the first time she had ridden a horse.)

34-1/2] 이때의 before는 막연한 앞선 과거를 나타냅니다. ★ before ☞ p. 104

34-3] I was very happy when I saw my daughter. I <u>hadn't seen</u> her for two months.

34-4] I met Betty last summer, but I'<u>d known</u> her by sight since 2010. (I'd = I had)

34-5] My friend Minho <u>had lived</u> in the country till he moved to Seoul.

34-6] I got to the concert late. I found that the show (I wanted to see) <u>had finished</u>.

34-7] When I heard the announcement, I realized that I'<u>d gotten</u> on the wrong train.

지속: [34-3] 딸을 보았을 때 정말 기뻤다. (그때껏) 두 달간 보지 못했다. [34-4] 작년 여름에 베티를 만나기는 했지만, 안면은 2010년부터 있었다. [34-5] 내 친구 민호는 서울로 이사 오기까지 시골에서 살았다. **완료 후 과거 상태:** [34-6] 콘서트에 늦게 도착했다. (보고 싶던) 쇼가 끝난 것을 알았다. [34-7] 안내방송을 들었을 때 기차를 잘못 탄 것을 알았다.

주의! P1과 P2의 시간 간격이 짧은 경우는 연관이 있고 순서가 중요한 상황이라도 P1을 과거시제로 나타냅니다. ★ 현재완료와 시간 부사절 ☞ p. 195

　　　* When I opened the window, the cat jumped out.
　　　　창문을 열다[P1] 고양이가 뛰쳐나갔다[P2].

34-8] I went to the library to meet Yeonghui, but
　　　　I didn't meet her. She'd already gone home.
34-9] I'd just had pizza when he came to have lunch.

결과적인 과거 상태: [34-8] 영희를 만나러 도서관에 갔지만 만나지 못했다. 영희가 이미 집으로 가 버린 뒤였다. [34-9] 막 피자를 먹고 나니, he가 점심을 먹으러 왔다.

34-8] 결과적인 과거 상태를 나타내는 과거완료는 특히, P1과 P2의 순서가 '바뀌면 좋았을' 경우가 많습니다. 그만큼 순서가 중요한 상황으로, "I should have gone to the library earlier. 도서관에 일찍 갔어야 했는데." 이렇게 아쉬움이 남기도 하고, 또는 "If I had gone to the library earlier, I could have met her. 도서관에 일찍 갔다면, 영희를 만날 수 있었을 텐데." 이렇게 가정해 보기도 합니다.

34-9] 예 A burglar broke into my house last night. When I returned home from working, I found that all my jewellery had been stolen. I wondered who had left the dresser drawer open. The next day the police caught the burglar. But he had already sold off all my jewellery. 간밤에 도둑이 들었다. 일하고 집으로 돌아왔을 때, 모든 패물을 도난당한 것을 알았다. 누가 옷장 서랍을 열어 놓고 갔는지 궁금했다. 그 다음날 경찰이 도둑을 잡았다. 하지만 도둑이 이미 모든 패물을 다 팔아 버린 뒤였다.

| 생각 더하기 | 20. 과거완료와 after, before, ago |

■ **과거완료와 after**

① He arrived. / She left.
　　he는 도착했다. / she는 떠났다.

　　a　He arrived <u>after</u> she <u>left</u>. [과거시제]
　　　　(= She <u>left</u> <u>before</u> he arrived.)

　　b　NOT He arrived <u>after</u> she <u>had left</u>. [과거완료]

①은 누가 먼저고 나중인지 확실하게 알 수 없습니다. 이 경우 선후 관계는 a로 나타냅니다. (이유는 after나 before 자체가 선후 관계를 명확하게 나타내기 때문입니다.) 'after + 과거완료'인 b로는 나타내지 않습니다. 반면에,

② He got his driver's license. / He drove a car.
　　he는 운전면허를 땄다. / 차를 몰았다.

　　a　... <u>after</u> he <u>got</u> his driver's license. [과거시제]
　　b　... <u>after</u> he <u>had got</u> his driver's license. [과거완료]

②는 어떤 일이 먼저고 나중인지 확실하게 알 수 있습니다. 이 경우 선후 관계는 b로도 나타냅니다.

- <u>As soon as</u> he <u>(had) graduated</u> from high school, he joined the army.
　　he는 고등학교를 졸업하자마자 입대했다.
　　- 과거시제(graduated)를 써도 되고, 과거완료(had graduated)를 써도 됨

■ 과거완료와 before

- I <u>have seen</u> this play <u>before</u>.
  전에 이 연극을 본 적이 있다.

- I <u>had seen</u> this play <u>two weeks before</u>.
  그때 2주 전에 이 연극을 본 적이 있었다.

before 앞에 (two weeks와 같은) 기간을 뜻하는 말이 있으면 'two weeks before'는 P₁이므로, 과거완료로 나타냅니다.

■ 과거완료와 ago

- I <u>had worked</u> here for ten years <u>two months ago</u>. 두 달 전 그때껏 여기서 10년을 일했다.

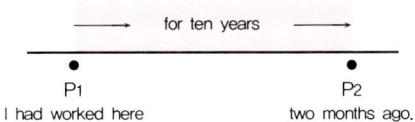

ago는 '지금 이전 before now'을 가리킵니다. 즉 과거 영역을 가리키므로, 과거시제뿐 아니라 과거완료와도 잘 어울립니다.

〉 과거완료와 when

when은 P2에만 붙지 않고, P1에도 붙습니다.

- When I had opened the window, I smoked.
  창문을 열고 나서[P1] 담배를 피웠다[P2].

순서가 중요하고 중요하면, '순서를 지켜야 하는 상황'이 됩니다.

위 예문은 P1과 P2의 순서를 지켜야 하고, 적어도 그것이 바람직한 상황입니다. (지키지 않으면, 원하지 않거나 좋지 않은 결과가 생깁니다.) 다시 말해, P1을 하고 나서 P2를 했다고 말해야 하는, P1을 먼저 했음을 분명히 해야 하는 상황입니다. 바로 이런 상황에서 P1에 when이 붙습니다.

위 예문은 P1을 하고 나서 – P1이 선행된 전제하에 – P2를 했다는 말입니다.

주의! 위 예문의 when은 P1을 먼저 했음을 분명히 하기 위한 접속사입니다. '…을 하고 나서[하고 난 다음에, 한 후에/뒤에]'로 해석합니다. 과거시점을 나타내는 접속사가 아니므로, '…을 했을 때'로 해석되지 않습니다.

역으로, when이 P1에 못 붙는 경우도 있습니다.

- She had already left <u>when</u> he <u>arrived</u>.
  철수가 도착했을 때[P2], 영희는 이미 떠났다[P1].

- *NOT* <u>When</u> she <u>had already left</u>, he arrived.

위 예문은 P1과 P2의 주어가 다릅니다. 다시 말해, 한 사람이 P1과 P2의 순서를 지켜야 하는 상황이 아닙니다. 이런 상황에는 when이 P1에 붙지 못합니다.

> **when + 앞선 과거**
> - P1을 하고 나서 P2를 했다고 말함
> - P1을 먼저 했음을 분명히 함

P1과 P2의 주어가 같고, P1과 P2의 순서를 지켜야 하는 상황에서, P1을 하고 나서 P2를 했다고 말할 때, P1을 먼저 했음을 분명히 할 때, P1에 when이 붙습니다.

예문35-1~5는 P1에 when을 붙여, P1을 하고 나서 P2를 했다고 말한 과거완료 문장입니다. (해석에 주의하십시오.)

35-1] When I'd washed my hands, I had a meal.
35-2] When the water had been boiled (by me), I put ramen into the pot.
35-3] When she'd booked a table in advance, she went to the restaurant.
35-4] When Yeonghui had known Cheolsu for a year, she walked arm in arm with him.
35-5] When I'd done it, I realized how difficult it was.

35-1] 손을 씻고 나서 밥을 먹었다. [35-2] 물을 끓이고 난 다음에 라면을 냄비에 넣었다. [35-3] she는 자리를 미리 예약한 후에 레스토랑에 갔다. [35-4] 영희는 철수를 1년 동안 만난 뒤에야 비로소 팔짱을 끼고 걸었다. [35-5] 그것을 하고 나서야 그것이 얼마나 어려운가를 알았다.

여러분

과거시제는 '단절성'을 지닙니다. 앞선 과거는 과거의 과거인 만큼 '단절성'이 두드러집니다. 그때까지는 그랬고, 그 이후로는 그러지 않았다는 느낌을 줍니다.

아래 예문은 '앞선 과거와 반대되는 과거'를 내포한 과거완료 문장입니다. (해석을 유심히 보십시오.)

35-6] I'<u>d thought</u> she loved me.
35-7] I <u>hadn't realized</u> then that writing was important.
35-8] Until then, your Kimchi <u>had tasted</u> great.
35-9] He'<u>d been</u> poor before.

35-6] (그때는) she가 나를 사랑한다고 생각했다. (그 이후로는 그렇게 생각하지 않았다.) [35-7] 그때는 글쓰기의 중요함을 미처 깨닫지 못했다. (그 이후로 깨달았다.) [35-8] 그때까지는 네가 담근 김치가 끝내 주게 맛있었다. (그 이후로는 맛이 덜 했다.) [35-9] 그 전에는 he가 가난했다. (그 이후로 가난에서 벗어났다.)

• • •

과거완료

- ✓ 과거의 일[P2]보다 앞선 과거의 일[P1]
    - She'd never ridden a horse before.
      I hadn't seen her for two months.
      I found that the show had finished.
      She'd already gone home.

- ✓ when + 앞선 과거
    - When I'd washed my hands, I had a meal.

- ✓ 앞선 과거와 반대되는 과거
    - I'd thought she loved me.

34-1]   베티는 어제 말을 처음 타 봤다. 그 전에는 타 본 적이 없었다.

   ....

34-2]   베티는 작년에 중국에 갔다. 두 번째였다. 그 전에 한 번 가 봤다.

   ....

34-3]   딸을 보았을 때 정말 기뻤다. (그때껏) 두 달간 보지 못했다.

   ....

34-4]   작년 여름에 베티를 만나기는 했지만, 안면은 2010년부터 있었다.

   ....

34-5]   내 친구 민호는 서울로 이사 오기까지 시골에서 살았다.

   ....

34-6]   콘서트에 늦게 도착했다. (보고 싶던) 쇼가 끝난 것을 알았다.

   ....

34-7]   안내방송을 들었을 때 기차를 잘못 탄 것을 알았다.

   ....

34-8]   영희를 만나지 못했다. 영희가 이미 집으로 가 버린 뒤였다.

   ....

34-9]   막 피자를 먹고 나니, he가 점심을 먹으러 왔다.

   ....

35-1] 손을 씻고 나서 밥을 먹었다.

....

35-2] 물을 끓이고 난 다음에 라면을 냄비에 넣었다.

....

35-3] she는 자리를 미리 예약한 후에 레스토랑에 갔다.

....

35-4] 영희는 철수를 1년 동안 만난 뒤에야 비로소 팔짱을 끼고 걸었다.

....

35-5] 그것을 하고 나서야 그것이 얼마나 어려운가를 알았다.

....

35-6] she가 나를 사랑한다고 생각했다.

....

35-7] 그때는 글쓰기의 중요함을 미처 깨닫지 못했다.

....

35-8] 그때까지는 네가 담근 김치가 끝내 주게 맛있었다.

....

35-9] 그 전에는 he가 가난했다.

....

과거완료

과거시제 완료진행상

The Past Tense – Perfect Continuous Aspect

과거시제 완료진행상 형태

```
   과거완료    : had + p.p.
+    진행:      be + ~ing
   과거완료진행: had + been + ~ing
```

과거완료진행은 과거완료에서의 진행입니다. 과거완료에 진행상이 결합한 시제 형식으로, 형태는 'had + been + ~ing'입니다.

> '현재완료[진행] · 과거완료[진행] · 미래완료[진행]' – 모든 완료 형식은 have동사로 표현합니다. 이는 곧 두 사건이 '연관이 있다'는 뜻입니다. 역으로, 연관이 있어 have동사로 표현한 것입니다. 완료 형식의 속성은 연관성! (연관이 있음 〉 소유 개념 〉 have동사로 표현)

〉과거완료진행의 영역과 개념

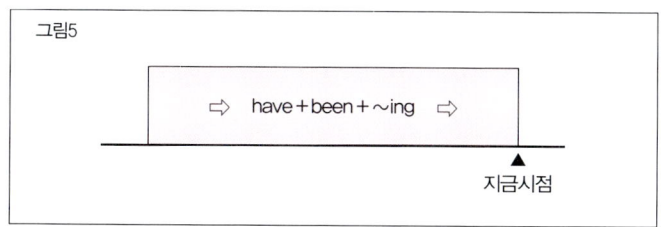

그림5를 과거로 옮기면 그림8이 됩니다.

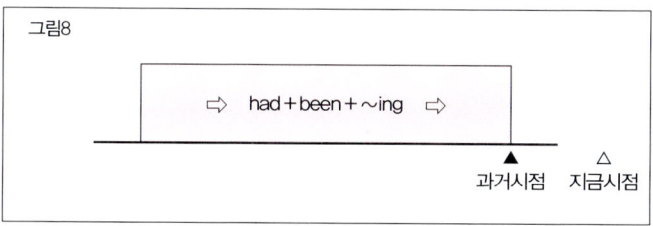

그림8이 보여 주듯이, 과거완료진행 영역은 '앞선 과거시점부터 과거시점 이하[▲]'입니다.

① He has been studying. [현재완료진행]

(지금까지) he는 공부하고 있었어요.

- 동사구: have(현재시제) + been(완료상) + studying(진행상)

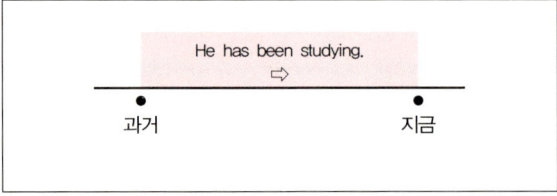

개념1: 지금까지의 상황을 묘사

현재완료진행 ①을 과거로 옮기면, 과거완료진행 ②가 됩니다.

② He had been studying when I came home. [과거완료진행]

내가 집에 왔을 때, (그때까지) he는 공부하고 있었어요.

- 동사구: had(과거시제) + been(완료상) + studying(진행상)

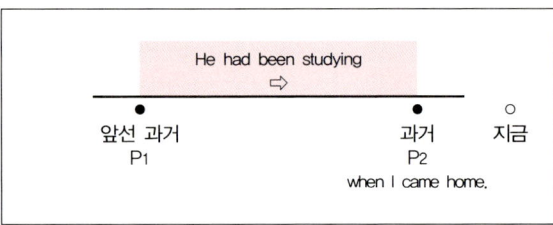

개념1: P2까지의 상황을 묘사

예문36은 P2까지의 상황을 묘사한 전형적인 과거완료진행 문장입니다.

36-1] My son had been playing the computer game
　　　when I returned from work.

36-2] We'd been playing tennis for three hours
　　　when it started to rain.

36-3] I'd been waiting long when the bus finally came.

36-4] When my husband came home at midnight, I'd been
　　　waiting for him since nine o'clock.

36-5] When I got up late this morning, he'd been mowing
　　　the lawn for an hour.

36-6] At that time Mr. Kim had been living in New York
　　　for about two months.

36-7] I broke my leg. I couldn't go on a school trip.
　　　I'd been looking forward to it.

36-8] She told me she hadn't been feeling well.

36-9] The clerk caught a burglar who had been stealing
　　　goods in the department store.

　　36-1] 퇴근하고 돌아오니, (그때까지) 아들은 게임을 하고 있었다. [36-2] 비가 내리기 시작했을 때, (그때까지) 우리는 세 시간 동안 테니스를 치고 있었다. [36-3] 버스가 그제야 왔을 때, (그때까지) 나는 오래 기다렸다. [36-4] 남편이 자정에 들어왔을 때 (그때까지) 나는 9시부터 기다리고 있었다. [36-5] 오늘 아침 늦잠을 자고 일어나 보니 (그때까지) he는 한 시간 동안 잔디를 깎고 있었다. [36-6] 김 선생님은 그 당시 약 두 달 전부터 뉴욕에서 살고 있었다. [36-7] 다리가 부러졌다. 수학여행을 갈 수 없었다. 수학여행을 학수고대하고 있었다. [36-8] she는 내게 그간 몸이 좋지 않았다고 말했다. [36-9] 점원이 백화점에서 물건을 훔치던 도둑을 잡았다.

③ "Why are your hands so dirty?"

"왜 이렇게 손이 더럽니?"

"I have been fixing the bike." [현재완료진행]

"(지금까지) 자전거를 고치고 있었어[고치고 있어/고쳤어]."

개념2: 지금까지 진행되던 일에 중점이 있음
개념3: 지금까지의 일에 중점을 둠

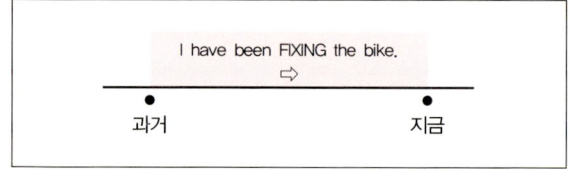

현재완료진행 ③을 과거로 옮기면, 과거완료진행 ④가 됩니다.

④ "Why were your hands so dirty this morning?"

"오늘 아침에 왜 그렇게 손이 더러웠니?"

"I had been fixing the bike." [과거완료진행]

"(그때까지) 자전거를 고치고 있었어[고쳤어]."

개념2: P2까지 진행되던 일에 중점이 있음
개념3: P2까지의 일에 중점을 둠

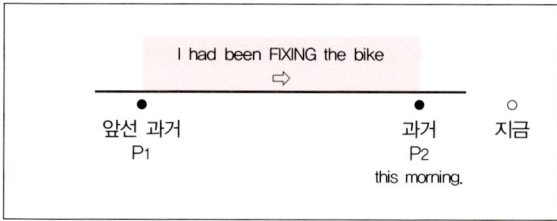

예문37은 P2까지 진행되던 일에 중점이 있거나, P2까지의 일에 중점을 둔 과거완료진행 문장입니다.

37-1] Betty was exhausted when she came home. She'd been studying for twelve hours.

37-2] I was very annoyed when my husband came home in the middle of the night. I'd been waiting for him since nine o'clock.

37-3] When I looked out of the window this morning, the ground was wet. It'd been raining. (it'd = it had)

37-4] When my son came home after school, he had a black eye. He'd been fighting.

37-5] When I found Betty at the pub, I could see that she'd been crying.

37-1] 베티는 집에 오자 녹초가 되었어. 열 두 시간이나 공부했거든. [37-2] 남편이 한밤중에 들어왔을 때, 짜증이 엄청 났어. 9시부터 기다렸거든. [37-3] 아침에 창문을 내다보니, 땅이 젖어 있었다. 비가 온 모양이었다. [37-4] 아들놈이 학교에서 돌아왔는데 눈에 멍이 들어 있었다. 싸운 모양이었다. [37-5] 술집에서 베티를 찾았을 때, 베티가 운 것을 알았다.

37-1~5] 녹초가 되려면, 짜증이 나려면, 땅이 비에 젖으려면, 눈에 멍이 들려면, 운 것을 알려면, 그 전에 일이 진행되거나 시간이 경과해야 합니다. P2까지 진행되던 일에 중점이 있습니다.

앞으로, P2까지의 일이 다름 아닌, 바로 '그 일이라고' 강조하고 싶으면 과거완료진행을!

37-6] "Why were you out of breath?"
"I'<u>d been running</u> for half an hour."

37-7] My father's clothes were covered in grease because he'<u>d been fixing</u> the motorbike.

37-8] I was very hungry because I <u>hadn</u>'t <u>been eating</u> anything all day.

37-9] He had a sauna because he'<u>d been sleeping</u> badly.

37-6] "(그때) 왜 헐떡거렸니?" "30분을 뛰었거든요." [37-7] 아빠 옷이 오토바이 수리로 기름투성이였다. [37-8] 하루 종일 아무 것도 안 먹었더니 배가 몹시 고팠다. [37-9] he는 잠을 제대로 못 자 사우나를 했다.

37-6~9] 결과를 초래한, P2까지의 일인 'running, fixing, eating, sleeping'에 중점을 두고 말하고 있습니다.

• • •

과거완료진행

✓ P2까지의 상황을 묘사
 ― My son had been playing the computer game.

✓ 중점이 있는, P2까지 진행되던 일
 ― She'd been studying for twelve hours..

✓ 중점을 둔 P2까지의 일
 ― I'd been running for half an hour.

36-1] 퇴근하고 돌아오니, (그때까지) 아들은 게임을 하고 있었다.

　　　　………………………………………………………………………

36-2] (그때까지) 우리는 세 시간 동안 테니스를 치고 있었다.

　　　　………………………………………………………………………

36-3] 버스가 그제야 왔을 때, (그때까지) 나는 오래 기다렸다.

　　　　………………………………………………………………………

36-4] 남편이 자정에 들어왔을 때, (그때까지) 나는 9시부터 기다리고 있었다.

　　　　………………………………………………………………………

36-5] (그때까지) he는 한 시간 동안 잔디를 깎고 있었다.

　　　　………………………………………………………………………

36-6] 김 선생님은 그 당시 약 두 달 전부터 뉴욕에서 살고 있었다.

　　　　………………………………………………………………………

36-7] 수학여행을 갈 수 없었다. 수학여행을 학수고대하고 있었다.

　　　　………………………………………………………………………

36-8] she는 내게 그간 몸이 좋지 않았다고 말했다.

　　　　………………………………………………………………………

36-9] 점원이 백화점에서 물건을 훔치던 도둑을 잡았다.

　　　　………………………………………………………………………

37-1] 베티는 집에 오자 녹초가 되었어. 열 두 시간이나 공부했거든.

....

37-2] 남편이 들어왔을 때, 짜증이 엄청 났어. 9시부터 기다렸거든.

....

37-3] 아침에 창문을 내다보니, 땅이 젖어 있었다. 비가 온 모양이었다.

....

37-4] 아들놈이 눈에 멍이 들어 있었다. 싸운 모양이었다.

....

37-5] 술집에서 베티를 찾았을 때, 베티가 운 것을 알았다.

....

37-6] "(그때) 왜 헐떡거렸니?" "30분을 뛰었거든요."

....

37-7] 아빠 옷이 오토바이 수리로 기름투성이였다.

....

37-8] 하루 종일 아무 것도 안 먹었더니 배가 몹시 고팠다.

....

37-9] he는 잠을 제대로 못 자 사우나를 했다.

....

그림 모음

무한시간

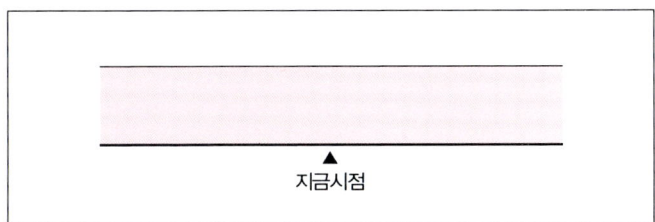

현재시제 영역

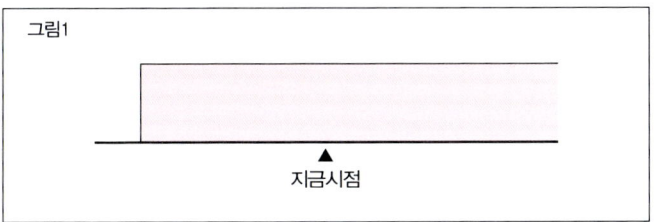

The earth goes around the sun.

과거시제 영역

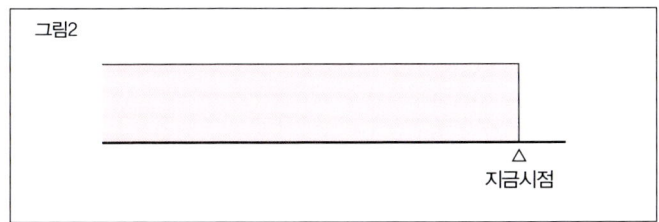

I fixed the bike 3 days ago.

현재시제 진행상 영역

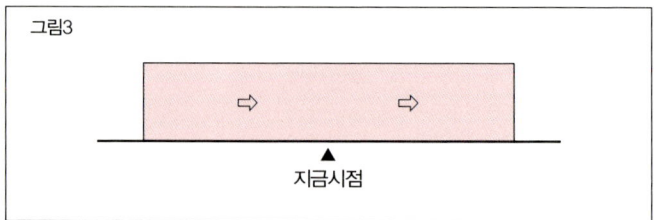

He is waiting for her in front of the box office.

현재시제 완료상 영역

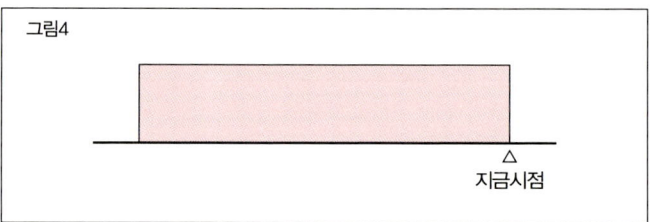

I have travelled around Australia.

현재시제 완료진행상 영역

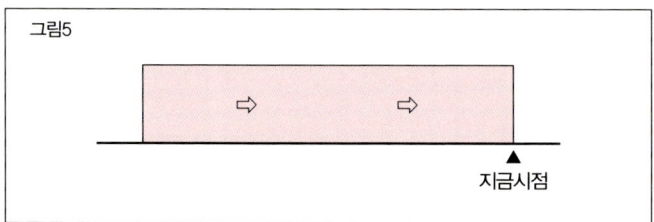

I have been studying since lunch.

과거시제 진행상 영역

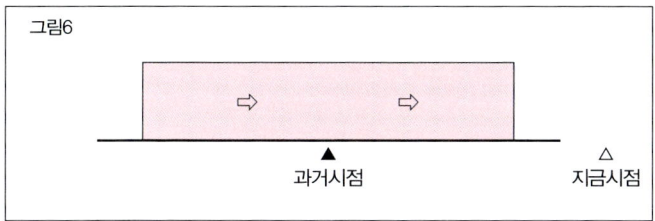

I was having a shower when the phone rang.

과거시제 완료상 영역

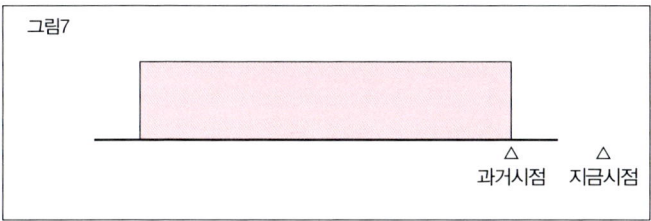

When he arrived, she had already left.

과거시제 완료진행상 영역

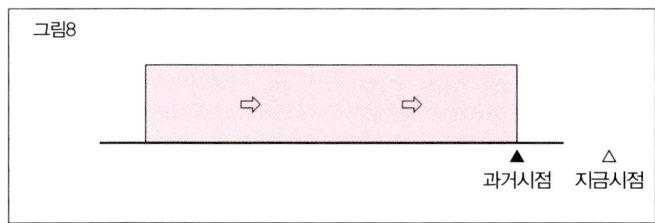

He had been studying since lunch when you came.

동사구: 시제+상

현재	I <u>write</u> it. — write[현재시제]
현재진행	I <u>am writing</u> it. — am[현재시제] + writing[진행상]
현재완료	I <u>have written</u> it. — have[현재시제] + written[완료상]
현재완료진행	I <u>have been writing</u> it. — have[현재시제] + been[완료상] + writing[진행상]
과거	I <u>wrote</u> it. — wrote[과거시제]
과거진행	I <u>was writing</u> it. — was[과거시제] + writing[진행상]
과거완료	I <u>had written</u> it. — had[과거시제] + written[완료상]
과거완료진행	I <u>had been writing</u> it. — had[과거시제] + been[완료상] + writing[진행상]

모르면 안 되는

기본 동사 700

쉬워서 기본 동사가 아니라
다양한 의미와 구문으로 쓰이고
사용 빈도가 매우 높아 기본 동사입니다.
(총 700개, 사용 빈도에 따라 네 묶음으로 나눔)

시간이 걸려도, 이왕이면
한 단어 한 단어 영영사전에서 찾아
예문을 통해 익히셨으면 합니다.

영영사전으로 익히면
700개만 알게 되는 것이 아니라
수천 단어를 알게 됩니다.

☐☐	accept	수락하다	☐☐	change	변하다
☐☐	add	첨가하다	☐☐	charge	청구하다
☐☐	afford	여유가 되다	☐☐	check	점검하다
☐☐	agree	동의하다	☐☐	choose	선택하다
☐☐	allow	허락하다	☐☐	claim	주장하다
☐☐	answer	대답하다	☐☐	clean	청소하다
☐☐	apply	신청하다	☐☐	clear	치우다
☐☐	ask	묻다	☐☐	close	닫다
☐☐	base	근거지를 두다	☐☐	collect	수집하다
☐☐	be	이다, 있다	☐☐	come	오다
☐☐	become	되다	☐☐	compare	비교하다
☐☐	begin	시작하다	☐☐	consider	고려하다
☐☐	believe	믿다	☐☐	continue	계속하다
☐☐	bet	내기하다	☐☐	cook	요리하다
☐☐	born	태어나다	☐☐	cost	비용이 들다
☐☐	bother	신경을 쓰다	☐☐	cover	덮다
☐☐	break	깨어지다	☐☐	cut	자르다
☐☐	bring	가져오다	☐☐	deal	거래하다
☐☐	build	짓다	☐☐	decide	결정하다
☐☐	buy	사다	☐☐	depend	의존하다
☐☐	call	부르다	☐☐	die	죽다
☐☐	care	돌보다	☐☐	do	하다
☐☐	carry	나르다	☐☐	draw	그리다, 당기다
☐☐	catch	잡다	☐☐	drink	마시다
☐☐	cause	야기하다	☐☐	drive	운전하다

☐☐ drop 떨어지다	☐☐ hate 미워하다
☐☐ eat 먹다	☐☐ have 가지고 있다
☐☐ end 끝나다	☐☐ hear 듣다, 들리다
☐☐ enjoy 즐기다	☐☐ help 돕다
☐☐ excuse 용서하다	☐☐ hit 때리다
☐☐ expect 기대하다	☐☐ hold 잡고 있다
☐☐ explain 설명하다	☐☐ hope 희망하다
☐☐ fall 떨어지다	☐☐ hurt 다치게 하다
☐☐ feed 먹이다	☐☐ imagine 상상하다
☐☐ feel 느끼다	☐☐ include 포함하다
☐☐ fight 싸우다	☐☐ join 연결하다
☐☐ figure 중요하다, 생각하다	☐☐ keep 유지하다
☐☐ fill 채우다	☐☐ kill 죽이다
☐☐ find 찾다	☐☐ knock 두드리다
☐☐ finish 끝내다	☐☐ know 알고 있다
☐☐ fit (모양이나 크기가) 맞다	☐☐ last 계속하다
☐☐ follow 따라가다	☐☐ lay 놓다
☐☐ forget 잊다	☐☐ lead 안내하다
☐☐ get 얻다	☐☐ learn 배우다
☐☐ give 주다	☐☐ leave 떠나다
☐☐ go 가다	☐☐ let 시키다
☐☐ grow 자라다	☐☐ like 좋아하다
☐☐ guess 추측하다	☐☐ listen 듣다
☐☐ hang 매달다	☐☐ live 살다
☐☐ happen 발생하다	☐☐ look 보다

- ☐☐ lose 잃어버리다
- ☐☐ love 사랑하다
- ☐☐ make 만들다
- ☐☐ manage 해내다
- ☐☐ marry 결혼하다
- ☐☐ matter 중요하다, 문제되다
- ☐☐ mean 의미하다
- ☐☐ meet 만나다
- ☐☐ mention 언급하다
- ☐☐ mind 언짢아하다
- ☐☐ miss 놓치다
- ☐☐ move 움직이다
- ☐☐ need 필요하다
- ☐☐ notice 알다, 주목하다
- ☐☐ occur 발생하다
- ☐☐ offer 제의하다
- ☐☐ open 열다
- ☐☐ organize 조직하다
- ☐☐ pass 통과하다
- ☐☐ pay 지불하다
- ☐☐ phone 전화하다
- ☐☐ pick 선택하다
- ☐☐ plan 계획하다
- ☐☐ play 놀다
- ☐☐ prepare 준비하다

- ☐☐ press 누르다
- ☐☐ produce 생산하다
- ☐☐ provide 제공하다
- ☐☐ pull 끌다
- ☐☐ push 밀다
- ☐☐ put 놓다
- ☐☐ quit 그만두다
- ☐☐ raise 들어 올리다
- ☐☐ reach 닿다
- ☐☐ read 읽다
- ☐☐ realize 깨닫다
- ☐☐ receive 받다
- ☐☐ reckon 생각하다
- ☐☐ recognize 알아보다
- ☐☐ reduce 축소하다
- ☐☐ refer 조회하다
- ☐☐ remain 남다
- ☐☐ remember 기억하다
- ☐☐ remind 상기시키다
- ☐☐ require 요구하다
- ☐☐ ring 전화하다
- ☐☐ roll 구르다
- ☐☐ run 달리다
- ☐☐ save 구하다
- ☐☐ say 말하다

☐☐ see 보다, 보이다		☐☐ take 잡다, 가지다	
☐☐ seem …처럼 보이다		☐☐ talk 이야기하다	
☐☐ sell 팔다		☐☐ teach 가르치다	
☐☐ send 보내다		☐☐ tell 전하다	
☐☐ serve 제공하다		☐☐ tend 경향이 있다	
☐☐ set 놓다		☐☐ thank 감사하다	
☐☐ share 공유하다		☐☐ think 생각하다	
☐☐ show 보여 주다		☐☐ throw 던지다	
☐☐ shut 닫다, 닫히다		☐☐ train 훈련시키다	
☐☐ sing 노래하다		☐☐ try 노력하다	
☐☐ sit 앉다		☐☐ turn 돌다, 돌리다	
☐☐ sleep 자다		☐☐ understand 이해하다	
☐☐ sort 분류하다		☐☐ use 사용하다	
☐☐ sound …처럼 들리다		☐☐ wait 기다리다	
☐☐ speak 말하다		☐☐ walk 걷다	
☐☐ spend 소비하다		☐☐ want 원하다	
☐☐ stand 서다, 서 있다		☐☐ wash 씻다	
☐☐ start 출발하다		☐☐ watch 지켜보다	
☐☐ stay 머물다		☐☐ wear 착용하고 있다	
☐☐ stick 찌르다, 붙이다		☐☐ win 이기다	
☐☐ stop 정지하다		☐☐ wish 소원하다	
☐☐ suffer 시달리다		☐☐ wonder 궁금하다	
☐☐ suggest 제안하다		☐☐ work 일하다	
☐☐ support 지지하다		☐☐ worry 걱정하다	
☐☐ suppose 추정하다		☐☐ write 쓰다	

☐☐	achieve 달성하다		☐☐	bake 굽다
☐☐	act 행동하다		☐☐	bear 지탱하다
☐☐	address 연설하다		☐☐	beat 이기다
☐☐	admit 인정하다		☐☐	belong 소속감을 느끼다
☐☐	advise 충고하다		☐☐	benefit 유익하다
☐☐	affect 영향을 미치다		☐☐	bite 물다
☐☐	aim 겨냥하다		☐☐	blame 탓하다
☐☐	announce 발표하다		☐☐	blow 불다
☐☐	apologize 사과하다		☐☐	boil 끓다, 끓이다
☐☐	appear 나타나다		☐☐	book 예약하다
☐☐	appoint 지명하다		☐☐	borrow 빌리다
☐☐	appreciate 알아보다		☐☐	burn 타다
☐☐	approach 접근하다		☐☐	calculate 계산하다
☐☐	argue 언쟁하다		☐☐	cancel 취소하다
☐☐	arrange 마련하다		☐☐	climb 오르다
☐☐	arrive 도착하다		☐☐	commit 저지르다
☐☐	assess 가늠하다		☐☐	complain 불평하다
☐☐	assume 추정하다		☐☐	complete 완료하다
☐☐	assure 장담하다		☐☐	concentrate 집중하다
☐☐	attach 첨부하다		☐☐	confirm 확정하다
☐☐	attempt 시도하다		☐☐	connect 연결하다
☐☐	attend 참석하다		☐☐	contact 연락하다
☐☐	attract 마음을 끌다		☐☐	contain 함유되어 있다
☐☐	avoid 회피하다		☐☐	control 통제하다
☐☐	back 후진하다		☐☐	cool 식다, 식히다

☐☐	cope	대처하다	☐☐	equal	동등하다
☐☐	copy	복사하다	☐☐	establish	설립하다
☐☐	count	세다	☐☐	exist	존재하다
☐☐	create	창조하다	☐☐	experience	경험하다
☐☐	cross	건너다	☐☐	express	표현하다
☐☐	cry	울다	☐☐	fail	실패하다
☐☐	dance	춤추다	☐☐	fancy	원하다
☐☐	date	날짜를 적다	☐☐	face	마주보다
☐☐	define	정의하다	☐☐	fix	고정하다, 수리하다
☐☐	deliver	배달하다	☐☐	fly	날다
☐☐	describe	묘사하다	☐☐	force	강요하다
☐☐	destroy	파괴하다	☐☐	form	형성되다
☐☐	develop	발달하다	☐☐	grab	움켜잡다
☐☐	dig	파다	☐☐	grant	승인하다
☐☐	disappear	사라지다	☐☐	guarantee	보장하다
☐☐	discover	발견하다	☐☐	hand	건네주다
☐☐	discuss	상의하다	☐☐	handle	다루다
☐☐	divide	나누다, 나뉘다	☐☐	head	향하다
☐☐	doubt	의심하다	☐☐	heat	뜨겁게 만들다
☐☐	dress	차려 입다	☐☐	hide	숨기다
☐☐	dry	마르다, 말리다	☐☐	hire	빌리다
☐☐	earn	벌다	☐☐	identify	확인하다
☐☐	encourage	격려하다	☐☐	ignore	무시하다
☐☐	ensure	보장하다	☐☐	improve	나아지다
☐☐	enter	들어가다	☐☐	increase	증가하다

☐☐	intend 작정하다		☐☐	own 소유하다
☐☐	interview 면접을 보다		☐☐	pack 포장하다
☐☐	introduce 소개하다		☐☐	paint 페인트칠하다
☐☐	invite 초대하다		☐☐	park 주차하다
☐☐	involve 수반하다		☐☐	place 두다
☐☐	jump 뛰다		☐☐	point 가리키다
☐☐	kick 차다		☐☐	pour 붓다
☐☐	kid 놀리다		☐☐	pray 기도하다
☐☐	kiss 키스하다		☐☐	prefer 선호하다
☐☐	land 착륙하다		☐☐	present 수여하다
☐☐	laugh 웃다		☐☐	pretend …인 척하다
☐☐	lie 거짓말하다		☐☐	prevent 막다
☐☐	lift 들어 올리다		☐☐	print 인쇄하다
☐☐	light 불을 켜다		☐☐	promise 약속하다
☐☐	list 목록을 작성하다		☐☐	propose 제안하다
☐☐	lock 잠그다		☐☐	protect 보호하다
☐☐	maintain 유지하다		☐☐	prove 입증하다
☐☐	mark 표시하다		☐☐	question 질문하다
☐☐	measure 측정하다		☐☐	quote 인용하다
☐☐	mess 엉망으로 만들다		☐☐	rain 비가 오다
☐☐	mix 섞다, 섞이다		☐☐	recommend 추천하다
☐☐	name 명명하다		☐☐	reflect 반사하다
☐☐	object 반대하다		☐☐	refuse 거절하다
☐☐	order 명령하다		☐☐	regard …으로 여기다
☐☐	owe 빚지다		☐☐	relate 관련짓다

☐☐ release 석방하다	☐☐ solve 해결하다
☐☐ remove 제거하다	☐☐ spell 철자를 말하다
☐☐ rent 빌리다	☐☐ split 분열되다
☐☐ repeat 반복하다	☐☐ spread 펴다
☐☐ replace 대신하다	☐☐ study 공부하다
☐☐ report 보고하다	☐☐ survive 생존하다
☐☐ represent 대표하다	☐☐ suspect 의심하다
☐☐ respond 응답하다	☐☐ swear 맹세하다
☐☐ retire 은퇴하다	☐☐ swim 수영하다
☐☐ return 돌아오다	☐☐ switch 전환되다
☐☐ ride 타다, 몰다	☐☐ taste 맛이 나다
☐☐ rise 오르다	☐☐ tear 찢다, 뜯다
☐☐ rub 문지르다	☐☐ test 시험하다
☐☐ rush 돌진하다	☐☐ text 문자를 보내다
☐☐ sail 항해하다	☐☐ tie 묶다
☐☐ seek 찾다	☐☐ touch 접촉하다
☐☐ select 선발하다	☐☐ travel 여행하다
☐☐ separate 분리되다	☐☐ treat 대하다
☐☐ settle 해결하다	☐☐ trust 신뢰하다
☐☐ shoot 쏘다	☐☐ upset 속상하게 만들다
☐☐ shout 외치다	☐☐ visit 방문하다
☐☐ sign 서명하다	☐☐ vote 투표하다
☐☐ smell 냄새가 나다	☐☐ wake 잠이 깨다
☐☐ smile 미소를 짓다	☐☐ waste 낭비하다
☐☐ smoke 담배를 피우다	☐☐ welcome 환영하다

☐☐	accompany 동반하다		☐☐	challenge 도전하다
☐☐	account 간주하다		☐☐	chase 추격하다
☐☐	acknowledge 인정하다		☐☐	cheat 속이다
☐☐	admire 존경하다		☐☐	chop 썰다
☐☐	adopt 입양하다		☐☐	chuck 그만두다
☐☐	advertise 광고하다		☐☐	click 클릭하다
☐☐	alter 변하다, 바꾸다		☐☐	collapse 붕괴되다
☐☐	annoy 짜증나게 하다		☐☐	combine 결합하다
☐☐	anticipate 예상하다		☐☐	comment 논평하다
☐☐	appeal 호소하다		☐☐	communicate 소통하다
☐☐	approve 찬성하다		☐☐	compete 경쟁하다
☐☐	arise 발생하다		☐☐	conclude 결론을 내리다
☐☐	assist 돕다		☐☐	consult 상담하다
☐☐	associate 연상하다		☐☐	contribute 기부하다
☐☐	attack 공격하다		☐☐	convince 납득시키다
☐☐	balance 균형을 잡다		☐☐	correct 정정하다
☐☐	behave 처신하다		☐☐	crack 갈라지다
☐☐	bend 굽히다		☐☐	damage 피해를 입히다
☐☐	bless 가호를 빌다		☐☐	dare ~할 용기가 있다
☐☐	block 차단하다		☐☐	defend 방어하다
☐☐	bounce 튀다		☐☐	demand 요구하다
☐☐	breathe 호흡하다		☐☐	demonstrate 입증하다
☐☐	brush 솔질을 하다		☐☐	deny 부인하다
☐☐	bump 부딪치다		☐☐	deserve 받을 만하다
☐☐	burst 터지다		☐☐	design 디자인하다

☐☐ direct 지휘하다	☐☐ flow 흐르다
☐☐ disagree 동의하지 않다	☐☐ focus 집중하다
☐☐ disappoint 실망시키다	☐☐ fold 접다
☐☐ distinguish 구별하다	☐☐ forgive 용서하다
☐☐ drag 끌다	☐☐ free 석방하다
☐☐ dream 꿈꾸다	☐☐ freeze 얼다, 얼리다
☐☐ dump 버리다	☐☐ fry 튀기다
☐☐ elect 선출하다	☐☐ fund 자금을 대다
☐☐ emphasize 강조하다	☐☐ gain 얻다
☐☐ employ 고용하다	☐☐ gather 모으다
☐☐ enable 가능하게 하다	☐☐ guide 안내하다
☐☐ entitle 자격을 주다	☐☐ hook 갈고리로 잠그다
☐☐ escape 탈출하다	☐☐ hunt 사냥하다
☐☐ estimate 추산하다	☐☐ hurry 서두르다
☐☐ examine 조사하다	☐☐ impose 도입하다
☐☐ exercise 운동하다	☐☐ impress 감동을 주다
☐☐ expand 확장하다	☐☐ indicate 나타내다
☐☐ explore 탐사하다	☐☐ influence 영향을 미치다
☐☐ extend 연장하다	☐☐ inform 알리다
☐☐ fear 두려워하다	☐☐ insist 고집하다
☐☐ fetch 가지고 오다	☐☐ invest 투자하다
☐☐ file 보관하다	☐☐ iron 다림질하다
☐☐ fire 발사하다	☐☐ issue 공표하다
☐☐ fish 낚시하다	☐☐ joke 농담하다
☐☐ flash 비치다, 비추다	☐☐ judge 판단하다

기본 동사 700

☐☐	justify	옳음을 보여 주다	☐☐	publish	출판하다
☐☐	lean	기대다	☐☐	punch	뚫다
☐☐	lend	빌려주다	☐☐	pursue	추구하다
☐☐	lack	부족하다	☐☐	qualify	자격을 얻다
☐☐	lick	핥다	☐☐	react	반응하다
☐☐	limit	제한하다	☐☐	recall	상기하다
☐☐	link	연결하다	☐☐	record	기록하다
☐☐	mail	우편으로 보내다	☐☐	register	등록하다
☐☐	march	행진하다	☐☐	reject	거부하다
☐☐	match	어울리다	☐☐	relax	긴장을 풀다
☐☐	negotiate	협상하다	☐☐	relieve	경감하다
☐☐	nod	끄덕이다	☐☐	rely	의지하다
☐☐	observe	관찰하다	☐☐	repair	수리하다
☐☐	obtain	얻다	☐☐	reply	대답하다
☐☐	operate	가동하다	☐☐	rescue	구하다
☐☐	oppose	반대하다	☐☐	rest	휴식하다
☐☐	perform	수행하다	☐☐	result	…의 결과로 발생하다
☐☐	permit	허락하다	☐☐	reveal	드러내다
☐☐	persuade	설득하다	☐☐	review	재검하다
☐☐	please	기쁘게 하다	☐☐	rip	째다
☐☐	post	우편물을 발송하다	☐☐	rob	도둑질하다
☐☐	practise	연습하다	☐☐	ruin	파멸시키다
☐☐	presume	추정하다	☐☐	rule	통치하다
☐☐	proceed	진행하다	☐☐	satisfy	만족시키다
☐☐	promote	촉진하다	☐☐	schedule	일정을 잡다

☐☐	score 득점하다		☐☐	stress 강조하다
☐☐	scratch 긁다		☐☐	stretch 늘이다
☐☐	scream 비명을 지르다		☐☐	strike 치다
☐☐	sew 바느질하다		☐☐	submit 제출하다
☐☐	shake 흔들다, 흔들리다		☐☐	succeed 성공하다
☐☐	shave 면도하다		☐☐	suck 빨다
☐☐	shift 이동하다		☐☐	suit 어울리다
☐☐	shine 빛나다		☐☐	supply 공급하다
☐☐	shove 밀치다		☐☐	swap 교환하다
☐☐	slide 미끄러지다, 미끄러뜨리다		☐☐	tackle 씨름하다
☐☐	slip 미끄러지다		☐☐	threaten 협박하다
☐☐	slow 천천히 가다		☐☐	tip 기울어지다
☐☐	spare 할애하다		☐☐	trade 거래하다
☐☐	spill 쏟다		☐☐	transfer 이동하다
☐☐	spin 회전하다		☐☐	translate 번역하다
☐☐	spoil 망치다		☐☐	twist 비틀다
☐☐	spot 발견하다		☐☐	vary 각기 다르다
☐☐	spray 살포하다		☐☐	wander 거닐다
☐☐	squeeze 짜다		☐☐	warn 경고하다
☐☐	stare 응시하다		☐☐	wave 흔들다
☐☐	starve 굶주리다		☐☐	weigh 무게가 …이다
☐☐	state 말하다		☐☐	wind 감다
☐☐	steal 훔치다		☐☐	wipe 닦다
☐☐	stir 젓다		☐☐	withdraw 철수하다
☐☐	store 저장하다		☐☐	wrap 포장하다

☐☐	abandon	포기하다	☐☐	decline 감소하다
☐☐	absorb	흡수하다	☐☐	defeat 물리치다
☐☐	accuse	고발하다	☐☐	delay 연기하다
☐☐	acquire	획득하다	☐☐	derive 끌어내다
☐☐	adapt	적응하다	☐☐	detect 알아내다
☐☐	adjust	조정하다	☐☐	determine 결정하다
☐☐	advance	전진하다	☐☐	differ 다르다
☐☐	analyse	분석하다	☐☐	dismiss 묵살하다
☐☐	arrest	체포하다	☐☐	display 전시하다
☐☐	award	수여하다	☐☐	distribute 분배하다
☐☐	bury	매장하다	☐☐	disturb 방해하다
☐☐	capture	포획하다	☐☐	dominate 군림하다
☐☐	cast	던지다	☐☐	ease 편해지다
☐☐	cease	중단되다	☐☐	emerge 드러나다
☐☐	celebrate	축하하다	☐☐	encounter 맞닥뜨리다
☐☐	comprise	구성하다	☐☐	engage 고용하다
☐☐	concern	관련되다	☐☐	enhance 향상시키다
☐☐	conduct	행동하다	☐☐	exclude 제외하다
☐☐	confine	국한하다	☐☐	expose 폭로하다
☐☐	consist	구성되다	☐☐	favour 선호하다
☐☐	constitute	구성하다	☐☐	feature 특징으로 삼다
☐☐	construct	건설하다	☐☐	finance 자금을 대다
☐☐	convert	전환하다	☐☐	flood 침수되다
☐☐	criticize	비평하다	☐☐	fulfil 실현하다
☐☐	declare	선언하다	☐☐	govern 통치하다

☐☐	hesitate 주저하다		☐☐	reserve 예약하다
☐☐	illustrate 삽화를 넣다		☐☐	resign 사직하다
☐☐	implement 시행하다		☐☐	resist 저항하다
☐☐	imply 암시하다		☐☐	resolve 해결하다
☐☐	incorporate 설립하다		☐☐	restore 회복시키다
☐☐	injure 부상을 입다		☐☐	restrict 제한하다
☐☐	install 설치하다		☐☐	retain 함유하다
☐☐	interpret 통역하다		☐☐	reverse 뒤바꾸다
☐☐	investigate 수사하다		☐☐	search 수색하다
☐☐	launch 개시하다		☐☐	secure 획득하다
☐☐	locate 위치를 파악하다		☐☐	seize 움켜잡다
☐☐	occupy 차지하다		☐☐	shrug 으쓱하다
☐☐	overcome 극복하다		☐☐	sink 가라앉다
☐☐	participate 참가하다		☐☐	snap 부러뜨리다
☐☐	pause 잠시 멈추다		☐☐	specify 명시하다
☐☐	perceive 감지하다		☐☐	strengthen 강화하다
☐☐	pose 제기하다, 자세를 취하다		☐☐	struggle 투쟁하다
☐☐	possess 소유하다		☐☐	surround 둘러싸다
☐☐	predict 예견하다		☐☐	sweep 쓸다
☐☐	preserve 보존하다		☐☐	swing 흔들다, 흔들리다
☐☐	purchase 구입하다		☐☐	transform 변형시키다
☐☐	range 다양하다		☐☐	undertake 착수하다
☐☐	recover 회복되다		☐☐	urge 충고하다
☐☐	regret 후회하다		☐☐	whisper 속삭이다
☐☐	reinforce 강화하다		☐☐	wound 부상을 입히다

하상호

1968년 서울 출생. 「봄찬」 출판사 대표. 대학에서 관광학을 공부했다. 여행사에서 관광 가이드로 일하다가 공부에 미련이 남아 1997년 호주로 유학을 갔다. 유학 생활에 적응할 즈음, 대한민국이 F학점을 맞았다는 소식이 태평양을 건너왔다. 믿기지 않는 환율, 버티기 힘든 현실. 불현듯 찾아온 시련은 필자로 하여금 사람의 학문이요, 삶의 학문인 '인문학'에 눈뜨게 했다. 인문학을 공부해야 하는 이유를 깨달았을 때, 필자는 다시 태어났다. 오랜 세월, 「생각문법」은 영문법에 관한 필자의 인문학적 사색이다. 문법에는 이유나 원인이 있다고 굳게 믿는 필자는 유학을 다녀온 이후로 줄곧 문법을 사유하며, 암기식 영문법에서 못 벗어난 대학생과 일반인에게 「생각문법」을 강의하고 있다.

https://www.youtube.com/@thinkinggrammar

교육의 시작과 끝은 사람과 사람입니다.

「생각문법」 로고

표지를 보라. 물음표는 의문을 품고 생각하자는 취지다. 빨간색은 국어[동양]을 상징하고, 파란색은 영어[서양]을 상징한다. 이 둘을 비교하자는 취지로 위아래로 맞물려 놓았다.